晋

廉 政 文 化 读 本

○ ○ ○

能臣廉相

狄仁杰

郭天印 ◎ 著

山西出版传媒集团　北岳文艺出版社
BEIYUE LITERATURE & ART PUBLISHING HOUSE

图书在版编目（CIP）数据

能臣廉相狄仁杰 / 郭天印著．—太原：
北岳文艺出版社，2015.11
ISBN 978-7-5378-4578-6

Ⅰ．①能… Ⅱ．①郭… Ⅲ．①狄仁杰（630～700）
—生平事迹 Ⅳ．① K827=42

中国版本图书馆 CIP 数据核字（2015）第 252917 号

书名：能臣廉相狄仁杰	著者：郭天印	责任编辑：马　峻
		书籍设计：张永文

出版发行：山西出版传媒集团·北岳文艺出版社
地　　址：山西省太原市并州南路 57 号
邮　　编：030012
电　　话：0351-5628696（发行部）
　　　　　0351-5628688（总编室）
传　　真：0351-5628680
网　　址：http://www.bywy.com
E－mail：bywycbs@163.com
经 销 商：新华书店
印刷装订：山西万佳印业有限公司

开　　本：700mm×1010mm　1/16
字　　数：110 千字
印　　张：10.25
版　　次：2015 年 11 月第 1 版
印　　次：2021 年 1 月山西第 2 次印刷
书　　号：ISBN 978-7-5378-4578-6
定　　价：48.00 元

目 录

第一章

狄仁杰传略

狄仁杰（630—700），字怀英，并州太原人。是著名的唐代政治家，有唐289年与房玄龄齐名的宰相，也是中国古代十大清官之首。

狄仁杰勤政爱民深受百姓爱戴

狄仁杰出生在一个官宦之家，其祖最早可考是南北朝时期陇西羌族的首领，东魏时作为驻军将领举家来到太原。其后则世代以"太原狄氏"自居。到唐代，狄仁杰的祖父狄孝绪曾任过太宗时的尚书左丞；他的父亲狄知逊曾任太子东宫内直郎以及夔州长史等职，最终大约也就是一个从五品官员。然而，生了狄仁杰这样一个儿子应该说是这位从五品对大唐最大的贡献。

　　狄仁杰少年时期即以聪慧与沉稳著称。《新唐书》《旧唐书》都记载了少年狄仁杰的一件事情。有一次，他们家里一个门人被杀，县吏前来破案，家里的大人们都被叫到前厅问话去了，只有少年狄仁杰一个人在书房里继续读书。县吏很生气，或者说是有一点好奇，于是问这个孩子："你为什么不去回答问题，难道你不是这个家里的人吗？"狄仁杰正襟危坐，一本正经道："我正在和书中的圣贤对话，哪有时间和你这样的俗吏说话呢？"这段记载虽然只有短短几十个字，但你看这小小狄仁杰，不是已经显示出与众不同的那么一种沉稳与敏捷的思辨了吗？大约高宗显庆五年（660）的时候，狄仁杰参加朝廷组织的明经科考试，一举得中而进入了国家的"公务员"队伍，先是出任一个小小的官职，叫作汴州判佐，一年后就在时任宰相阎立本的推荐下调任当时大唐第三首都并州府担任法曹参军，并在这个岗位上一干十多年，唐高宗上元二年（675）的时候调入长安成为大理寺丞，也就是相当于国家最高法院的大法官。可以说，狄仁杰在官场的快车道由此开通，此后几年，几乎是一年一个新岗位，当然狄仁杰在他的每一个新岗位上都取得了一般人不可能取得的成功，因而也受到最高统治者唐高宗和武则天的青睐。狄仁杰在他的宦海沉浮中虽然也曾有过曲折甚至到了几乎丢命的地步，但他总能遇难呈祥的经历不可否认与武则天和唐高宗对他的信赖和庇护是分不开的。也正是在这种大的政治形势下，狄仁杰成为高宗和武则天最信任的救火队长，哪里有困难就把他派往哪里。而狄仁杰也总是能够很好地把控形势，不仅能为朝廷灭火，而且能够为他所到之处的百姓们造福。正是从这一点上来说，狄仁杰无愧于一位爱民如子的清官好官。现在，我们不仅能够从《新唐书》《旧唐书》《资治通鉴》等正史中看到一系列确凿的证据，而且也可以从狄仁杰为官当政过的那些地方的野史笔记和民间传说中得到些印证。有一件事情就特别具有说服力。狄仁杰为官一生，从无劣迹可寻，更无任何的恶政记载，反倒是在他生前就有并州、宁州、魏州、彭泽四地的百姓为其建了生祠，树了功德碑。不要小看这些"民间"的举动，事实上，在唐代为官员建生祠、竖功德碑之类的事情并不是纯粹的民间行为。按照《唐律》，凡地方有为官员建此类表彰功绩之建筑物的，县必报州，州必报朝廷，最终是要高宗和武则天这"二圣"审阅通过才可实施的。其间一旦查出有虚报事迹、沽名钓誉者，轻则罢免，重则杀头。所以绝少有人敢于冒犯这款天条。也就是说，狄仁杰的政德，不仅是得到了百姓的普遍赞誉，也得到了官方包括高宗和武则天这两位最高统治者的认可。因为狄仁杰这个"清官"可不是一般意义上的清廉而已，他的清与勤，更体现在其真正"为官一任，造福一方"的实绩上。狄仁杰所到之处，总能给当地带来政治的清明，社会的安定，法制的彰显，经济的繁荣。所以，狄仁杰在宁州时朝廷前来视察工作的大员要禁不住感叹：在狄仁杰治下，这里简直就是"天堂"。所以在狄仁杰去世之后，武则天要呼号："朝堂空矣""天何夺我国老早矣"。

狄仁杰的不朽，同样体现在他的政治抱负上，同是著名政治家的北宋名臣范仲淹对狄仁杰的评价可谓集中而准确地概括了这一点："商有三仁，弗救其灭。汉有四皓，正于未夺。呜呼！武暴如火，李寒如灰。何心不随，何力可回？我公哀伤，拯天之亡。逆长风而孤骞，溯大川以独航。金可革，公不可革，孰为乎刚？地可动，公不可动，孰为乎方？一朝感通，群阴披攘。天子既臣而皇，天下既周而唐。七世发灵，万年垂光。嘻！非天下之至诚，其孰能当？"毫无疑问，正是由于狄仁杰坚定的政治信念和积极严密的组织措施成就了他的弟子和学生，以张柬之为首的神龙五相在狄仁杰逝后五年得以实现大周与大唐两个皇朝之间的替换，也正是从这一点上来说，狄仁杰无愧于开元之治的奠基人和缔造者。

一个人，当他去世之后，他生前的业绩如果能够影响后人十年，那他就已经非常了不起了。如果能够影响百年，那他简直就是一代伟人。而狄仁杰则是那种影响了整个大唐至少一百年的伟人。然而，我们还要说，狄仁杰在中国历史上的影响又何止区区百年？想想范仲淹，想想那矗立在彭泽古县的"三绝"之碑，难道亲爱的读者您就不能由此产生出一些绵长的感叹吗？更何况，当狄仁杰故去将近一千三百年的时候，荷兰人高罗佩的横空出世更使狄仁杰这个名字走出中国，走向欧洲，走向世界，成为足以和大侦探福尔摩斯相提并论的最为睿智的中国人。而这，即使狄仁杰再聪明，大约也不会有此先见之明了。

千年名相狄仁杰的故乡

第二章 能臣廉相狄仁杰

狄仁杰的一生，政绩显赫，刚正严明，他每任一职，都心系民生，政绩卓著。在他身居宰相之位后，辅国安邦，对武则天弊政多所匡正；狄仁杰在上承贞观之治，下启开元盛世的武则天时代，做出了卓越的贡献。

狄仁杰曾言：为政之本，必先人事

第一节　北斗以南　狄公一人

大唐贞观四年（630），是中国历史上最好的一个年份。这一年，在一代开明君主李世民和他那一班励精图治的臣子们的共同治理下，大唐一片兴旺气象，长安城里路不拾遗、夜不闭户，周边各国竞相前来长安朝贺，一海之隔的日本第一次派来了遣唐使，而名将李勣将隋唐以来曾经是中国劲敌的东突厥一举消灭更使大唐威震四方，被周边各国尊为"天可汗"。贞观盛世就这样降临到中华大地。也就在这一片祥和的气氛中，同在这一年，大唐皇室一个不大不小的官员（正式的官名叫作太子内直郎）狄知逊家的夫人为狄家生下了一个儿子。这个新生儿就是后来成为一代名相，进而成为名扬海内外的"著名侦探"，也被叫作"中国福尔摩斯"的狄仁杰。当然，若论辈分而言，恐怕那位英伦岛上传说中的大侦探就得叫上狄仁杰一声"老老老祖"了。

少年狄仁杰

关于狄仁杰的家世和少年时代，现存史料并无更多的记载。大致有两种说法，一说狄氏之祖为孔夫子弟子卫国人狄黑，这样算来，那就是与圣人挂钩的名门之后了。但这种说法的根据实在不足以让人相信，颇有为名人"傍名人"之嫌。其实，狄仁杰这个名字已经很令狄氏骄傲的了，何必再攀他人？另一种说法是有些根据的，那就是狄仁杰的祖先为甘肃羌族，北魏时的中级将领，奉命戍守太原，并因此扎根于并州。到了狄仁杰的父亲狄知逊，虽然也还是做官的，而且曾经做过一任夔州长史，同样是厅局级的了，但似乎也没有留下什么拿得出手的政绩，当然，也可以说这位长史或者说一个东宫里的太子内直郎为整个大唐留下了一个大大的政绩，那就是他生了这个被多少后人敬仰和景仰的政治家、思想家，同时也是司法家和被人们逐渐演化而成的超级大侦探——狄仁杰。

终其一生可以说是伟大的，至少是了不起的狄仁杰在他的少年时代并没有多少高光时刻被他那个时代的史籍记载下来。也就是说，看起来这位伟大人物的少年时代并没有在"起跑线"上实现今天我们好多家长们所追求的"超越"。如果硬要找寻一下，那就只有宋人欧阳修、宋祁主编的《新唐书》中所留下的短短几十个字：狄仁杰"为儿时，门人有被害者，吏就诘，众争辩对，仁杰诵书不置。吏让之，答曰：'黄卷中与圣贤对，何暇偶俗吏语耶？'"五代时人刘昫主编的《旧唐书》与此大致无二。什么意思呢？就是说狄仁杰小的时候，有一天，家里的一个侍者被人杀了，县里的刑警上家里来集中大家进行询问，全家人都去了，只有小小的狄仁杰一个人坐在书房里继续读书。县吏见状很是生气，或者说也有一些好奇，于是问这个小孩子："你为什么不去说明情况，而一个人坐在这里呢？你难道不是这个家里的人吗？"搁一般小孩，这阵势多半会给吓坏的，可是少年狄仁杰却正襟危坐，一本正经地答道："我正在与书本中的圣贤对话，忙着呢，哪里有时间和你这样的俗吏说话呢？！"

神医狄仁杰

狄仁杰真正出道之前，其实还有一段显示其医术与品德都很高超和高尚的故事，这个故事的真实性也应该是比较靠谱的，因为它最早见于唐人薛用弱编著之传奇小说《集异记》。书中说道：高宗显庆年间，狄仁杰应试赶考，走到华山脚下时看到一群人正围在一起观望什么。狄仁杰下得马来，走进人群一看，就见那众人的核心处躺着一个孩子，大约十四五岁年纪，这孩子鼻子上长了一个很大的瘤子，有多大呢？起码有成人的拳头大小吧，反正这瘤子坠在脸上把眼睛都扯得翻白了。再看这孩子旁边，两位衣着光鲜的大人站立一边，旁边还竖着一块硕大的牌子，上面写道："能疗此儿，赏绢千匹。"所有看到这个光景的人都明白，这孩子患病以来，家人是下了大本钱来给他看病的，可是，看起来不知求了多少医家也不能消除此瘤，好在家里还算殷实，所以，写明告示，许以重酬，别的不说了，哪位高人能够治得此病，主家拿出一千匹丝绸来作为酬谢。一千匹丝绸什么概念？换算成今天的货币，少说三百万元人民币的。这一重酬你说不吸引人那是假的。可是天大的馅饼你得接得住啊！所以，看热闹的人很多，却一个个只能是感叹后悔自己没有那绝世的好医术，或者就是变个神仙什么的，让那华佗再世，扁鹊重生，也许不用太多的劳作便可拿得这千匹丝绸凯旋。而作为主家来说，出此下策，把病人放在路边求医，其实也就是死马当作活马医了。令谁也不曾想到的是，看起来年纪轻轻的狄仁杰，先是仔细看看那告示，再蹲下身来，凑到那孩子身边端详良久，然后开始把脉。这时候，人群不免议论开来，主要的声音无非是说，这个人也太年轻了，他有什么把握就敢接这活儿，该不是想那一千匹绢想疯了吧。然而，更令人们所料想不到的是，狄仁杰把完了脉，走到那家长身边，只一句话："此病我能医。"然后就掉头从马背上取下随身所带的医疗器械。在孩子脑后扎针，当然是很长很长的针，或者还用了一些什么手段，作者没有再做更细微的交代，总之是狄仁杰把针一拔，那瘤子瞬时就没了。这个故事写到这里是有些夸张的了，但总而言之是狄仁杰把这个瘤子给去了。而故事的重点在于，家长一定要兑现诺言，送狄仁杰那一千匹丝绸，而狄仁杰只一句："我给你家孩子看病，那是因为看到孩子实在可怜，而你的奖赏我是不能要的，因为我不是'鬻技者'也。"也就是说，我的医术只是用来为病人服务的，并不是拿来赚钱的。这才是真正的"为人民服务"！这个风格，真够当今医疗工作者或者说某些专想法子收取好处费之类的有关部门好好学习一辈子的。

良驹宝马遇伯乐

接下来，狄仁杰参加了那一年的"高考"，并一举考中。只是他考

012

的科目并非后来许多名臣大家所选择的"进士科",而是考了相对简单或者说科目单一的"明经科"。什么是明经呢?唐代科举作为国家选拔人才的途径,主要分两类。一为进士科,一为明经科。相比较而言,进士科考的内容更多更杂,也更科学一些。主要的内容包括诗赋和政论。请注意,这诗赋考得是你的文采,而政论则已经是包含了你的政治才华和施政策略。而明经就要简单一些,其主要内容就是四书五经等儒家经典,而且没有政论一项。也就是说,考明经主要是看你的知识厚度,而进士则要加上你的思想深度。也正是由于两种科举考试的方式有所不同,所以考了进士而且一旦得中,那可以说是一夜成名,光宗耀祖。无怪乎诗人孟郊在四十六岁得中进士后要"春风得意马蹄疾,一日看尽长安花"了。按照当时的规矩,进士及第,那是要披红挂花在京城里的大街上游街一周的。那个荣耀,一般人是很难享受到的。而明经得中就简单得多,来个通知而已。当然,也不是白给,明经得中,起码你就具备了让朝廷选拔任用的基本条件。狄仁杰由明经而入仕,并不是说他就不想考那个进士或者说不具备考进士的能力,而恰恰说明他是一个比较实际的人。当时有句俗话很能反映明经和进士两者之间的差别,叫作"三十老明经,五十少进士",你想一想,以一个年轻人的身份去和那些考进士的老油条去竞争,道路之艰难是不言而喻的了。奥妙在于明经同样也可以入仕,只要你干得好,朝廷还是会喜欢那些既年轻又有实践经验的干部的。狄仁杰后来的经历也最好地证明了这一点,而如果他真的要考进士,好吧,"五十少进士",狄仁杰五十岁的时候都干什么呢?已经由于在地方上政绩突出而提拔到中央政府担任"大理寺丞",相当于进入最高人民法院的领导班子,可以向皇帝直接弹劾任何一级大员了。也就是说,狄仁杰把握住了人生最黄金的年轻时代，在二十多岁不到三十岁就由明经这个捷径步入仕途，进而在工作中施展才华，实现自己的人生价值去了。相比较那些终其一生屡败屡战，以苍苍白首而考取一个空有其名的进士却不能在事业上有所成就的人，真是高下立判。

狄仁杰在大唐的第一份工作是汴州判佐。说白了就是州最高长官的行政秘书。介乎于官和吏之间的那么一个比较尴尬的职务。这个职务的特点是你想干事情那就有干不完的事，而你若想偷懒，则又可以无所事事。为什么会无所事事呢？因为在当时，各州的衙门都雇用了一些在名义上不拿俸禄的"技术型"编外人员。大体上也就和我们今天常见的所谓政府机关雇用的"临时工"相似。这些人不拿朝廷的俸禄，在"公务员"系列里面没有编制，他们又是靠什么来生活呢？这个不用你发愁，生活得好着呢。譬如说，百姓有状子要递给州里面的最高长官，但这个谈何容易？怎么办。找这些个"临时工"帮忙给递一下，当然不能白递，中间的辛苦费、劳务费是少不了的。

狄仁杰来了，他可不是来偷懒、吃闲饭、拿好处的主，什么事都事必躬亲，这样一来，那些"临时工"们的"业务"就一下子少了好多，经济收入自然也少了很多。于是，有人请这位新来的"秘书"吃饭，酒过三巡，言归正传："狄大人啊，您虽然年轻，我们也尊重您，但您得让我们大家都过日子啊。您自己把事情都做了，要我们做甚？"

狄仁杰回道："这事你可赖不着我。我是吃朝廷的饭，自然要给朝廷干活，如果我光拿俸禄不做事，朝廷又要我做什么呢？至于你们做的那些事，你觉得应该吗？"老实说，狄仁杰也就是初出茅庐，讲话还不愿意太过直白，但这个软钉子也把那人给彻底得罪了。竟然当着他的面一下子翻了脸，阴阳怪气地说道："那好啊，狄大人，您可别怪小人没提醒过您，万一走路遇到鬼，那也只好自作自受了。"

狄仁杰没有想到这帮人竟然如此嚣张，但他却根本不买这个账，因而也冷笑道："好吧，狄某奉陪。"说完，给店家放下银子自己走了。

那人也是说话算话，很快就给狄仁杰画了一个地地道道的"鬼"。那个时候，大唐为了考察干部，每两三年就会派一批担任重要职务的京官到地方上去考察工作，实则起到类似我们现在纪检监察的作用。这种特别职务的官名叫作"黜陟使"。这一年，来到汴州的"黜陟使"是工部尚书阎立本阎大人。

阎立本带着朝廷的指令，刚一进入汴州府衙就接到几封匿名信，那信的内容几乎一样，都是说狄仁杰这个人不怎么地道，官不大，架子不小，而且特能揽事，越权枉法，等等。但你要从这些告状信中找出一两个具体事例来又实在是难。阎立本何等样人，这阵势见得多了去了。只是部长大人并不急于表态，而是把狄仁杰这个素未谋面的年轻人叫了过来，和他坐下来谈一些看起来似乎不着边际的东西，什么人生理想啊，国家形势啊，古之先贤啊，狄仁杰不仅对答如流，而且往往能够谈出一些令老部长惊讶的见解。这个时候，阎立本已经对这个年轻人有了基本的判断，于是又和他谈有关汴州的具体事务，狄仁杰对这个仅仅工作不到一年的地方竟然了如指掌。阎立本还好似有些不够放心，又把那匿名信中所说到的几件事情的有关卷宗调过来仔细查看一番，临走，叫过狄仁杰来，拍着他的肩膀，语重心长地说道："年轻人，在你的身上，老夫得到了青春的活力，你是大有前途的。好好干吧。"

阎立本回京以后，第二天一上朝就向高宗汇报工作，在汇报的最后，一再表扬这次发现了一个不世奇才，直言："陛下，这个狄仁杰，可以说是我朝政坛的沧海遗珠啊。这样的人才，如果不加重视，那实在太可惜了。"

唐高宗李治这个人，虽然在很多文学作品的描绘中都以优柔寡断的不良形象出现，但真实的唐高宗其实并非如此。高宗在位三十四年，比之于其父太宗（在位二十三年），不仅在位时间长，而且政绩并不差。不说别的，整个唐代，国家版图是以高宗时期为最大。当时的大唐治下，东起朝鲜半岛，西临咸海，至北则贝加尔湖包括其间，向南则抵越南横山。高宗的幸与不幸都与他的第二位皇后武则天有关。所谓幸，是因为武则天虽为女流，但在政务的处理上丝毫不亚于男人。尤其是在高宗后期，皇帝本人身体欠佳，常不能理政事，这时武则天这位皇后就有效地填补了皇帝所不能之空缺。国家并不因为皇帝的不能正常理政而受到影响。因而也有效地继承和发展了贞观盛世的成就和一系列的国计民生。所谓不幸，则同样是因为这位能干的皇后，在相当一个时期里面居然和高宗以二圣并称，高宗身体越差，武则天管得就越多，这样就容易给人一种印象，似乎高宗这个皇帝更多的只是一种象征，一种摆设。反而把高宗本人励精图治、克勤克俭的一切努力都给忽略了。然而，只要我们认真想一下，就算武则天再能干，一开始的时候她可是被赶到感业寺里去的。那时的国家治理靠谁？又是谁克服重重困难，把一个未来的女皇从寺庙里弄了出来？如果他真是一个半昏不昏的糊涂蛋，又怎么能够把其父太宗开创的贞观之治延续下来并平稳过渡到武则天时代的盛大繁荣？高宗的缺点是他少了一些他父亲的英武之气，但他的优点则是这个人相比较而言更能听进去别人的话，他更少一些那种不讲理的"独断"。现在，当他听到阎立本的报奏就很是高兴，当下就问吏部的人："现在可有什么好一点的位置需要调整没有？"

也是狄仁杰命好，吏部当下就说正好并州都督府上有一个法曹参军的位置空着，但……但的后面无非是说已经考虑过什么人了，等等。

高宗却想也不想就说："但什么但，就这个人，这个位置，让他去试上几年，干得好再重用不迟。"意思很明确，这还不算重用呢，而事实上，一个刚刚步入仕途一年的新人能有了这样一份真正的"官职"，已经是绝大多数人想都不敢想的美事了。

狄仁杰初识蔺仁基

对于新的任命，狄仁杰自己当然是按捺不住内心喜悦的，所以在接到吏部文书之后，抓紧交接后，回家和父母告个别，只带一个随身伴当就直奔山西太原而来。

这个时候大唐北都（或曰北京）的最高领导应该是都督大人，可是因为这个都督地位太高了，从来都是由皇家的某位亲王担任，而这个亲王又基本不到这个任所上班，所以实际上只是一个名义上的首领，真正干实事，负责管理这个第三首都的是都督府的长史蔺仁基，既是军事方面的最高将领，手下有着精兵猛将，同时又是行政方面的首席长官，一切政令皆出其手。狄仁杰报到的第一天就领教了这位长官的厉害。

天色已近黄昏，狄仁杰和狄虎两人才找到长史府上，蔺大人已经下班，正在后花园里独自练剑，毕竟这位长史原先是靠军功博来的功名，和那些凭借科举入仕的文官不同，蔺大人曾经跟随太宗皇帝打天下，也曾和大将军李勣一起抗击过突厥，在战场上是立过大功的。不过呢，大约是军旅生涯给他养成了一种令行禁止的习惯，所以在执行朝廷政令时他是不折不扣的，而反过来对自己那些个文人出身的部下也就同样要求你必须对领导的指示条条落实不走样，就像在军队里那样以铁的纪律来律己求人。要说，蔺大人这样的要求严是严了点儿，和同事部下讲起话来不免显得有些生硬。一般人呢，领导生硬就生硬了，大约明白就好，偏偏有一个人不好说。这就是前两年朝廷给蔺大人委派的那个不仅是进士及第，而且是那一榜上高居榜眼的大知识分子的都督府司马，这个"大司马"可就实实地给蔺大人添了堵。司马何人？也非一般人等，乃是高祖一族的同姓本家，姓李名孝廉。要说这李孝廉也算皇族，其父一辈虽未曾封王，却也是享有相当恩典的，在长安城里当着不大不小的官员，吃着不多不少的俸禄，李大公子即使再不学无术，将来也少不得有份好的工作，前程无忧。可是，李孝廉偏不稀罕那些现成的东西，从小苦读，立志成才，十四岁进入官学，二十五岁开始参加科举，至三十岁终高中榜眼，可以说是人生快意，尽得一时。接下来，既有高学历，又有官二代的身份，一入仕就是正七品，三转两转，不到十年就成了正五品的并州都督府司马。这个官名可别小瞧，如换到现在，那是的正儿八经的大军区参谋长。少不了中将军衔，如按照地方行政级别，怎么这也得算正省级待遇了。不幸的是，他的"司令员"是蔺仁基。在这位"司令员"的眼里，只要你来到我的治下，任你是谁一律都只有一个待遇——"部下"，而是部下就必须听从命令，那么听命令的标准是什么呢？就是一千年后我们常能听到的一句"行话"："军人以服从命令为天职"，或者换句话说："领导对的你要执行，领导错了的你也必须执行"。

　　而李孝廉本质不是军人，他所崇尚的也不是李勣、尉迟恭那样的军旅人生，而是魏征、房玄龄那样的从政之道。不是说"文死谏，武死战"吗？皇帝有错都可以提出批评，你个长史就老虎屁股摸不得了？从我开始，你越不让提意见，我就越是要抓住你的小辫子较真，非把你个刚愎自用的自大狂给改造一下不可。正是有了这样先入为主的伏笔，五品正的司马李孝廉与四品正的长史蔺仁基之间展开了一场"持久战"。有一次，正值春耕季节，朝廷发下文来，为了准备远征高丽的战争，要在并州征集军马千匹，同时又要求备军粮一万石，却没有写明日期。蔺仁基对于朝廷的文件是一丝不苟，当即下令，哪怕从正在农田里春耕的马匹中抽调上来，也要在一月之内把这些其实根本不适合做战马的马匹集中到军营里去。军粮的问题更是不折不扣地要在一月内备齐。应该说，从备战的角度看，蔺大人此举并无过错，而且朝廷要的这些马匹究竟是用来充当战马还是搞运输也不太清楚。有一点是很明显的，那就是并州这个地方历来并非真正"战马"的产地，远的不说，赵武灵王当年为了对抗胡人的轻骑兵，他的办法除了胡服骑射之外，还有值得重视的一点就是组织商贩从西域贩来善于奔跑、耐力持久、身高体大的马匹。对于这些问题，李孝廉有自己的看法，第一，这位并州府的司马不同意在并州征集"战马"，尤其不同意把正在耕田的马匹拉来充作战马。第二，李孝廉认为即使朝廷对马匹的征集在所难免，也应该等到春耕基本完成以后，而不应该把春耕撂在一边，却将马匹弄到军营里闲养起来。第三，李孝廉还认为粮食和马匹都可以先做好统计，而不要把它们一下子都弄到官府给囤积在那里，因为这上万石的粮食需要保管，而上千的马匹饲养起来也不是一件容易的事情。因此，蔺大人的批示到李大人这里就给压了下来，不仅压了下来，而且当即就给朝廷写了一封密信，信中极言并州征马之不当，也在信中提出了若要良马，须到西域采买的建议。然后就只等着朝廷进一步的诏令再做区处。结果呢，蔺仁基等了有四五天的时间，也不见那马匹和粮食的动静，心里有些急了，一问，却是行政部门的长官李孝廉把他的指示给打折扣了。蔺仁基火冒三丈，二话不说把李孝廉找来，劈头盖脸就是一顿臭骂。但是蔺仁基清楚，李孝廉也清楚，发火归发火，再怎么发火你蔺仁基也杀不了李孝廉的头，因为这个人莫说没有犯事，就算真犯了当斩之罪，那处罚权也在朝廷，而不在你蔺仁基手上。结果呢，蔺仁基骂了半天，等他骂完了，李孝廉只一句话："骂够了没有？您不骂我可就走了。"李孝廉当真走了，很飘逸，很潇洒，连一点儿生气的样子都没有，这就更令蔺仁基恼火，大吼一声，几乎就要扑上去把个臭儒生给饱揍一顿，这回倒是让他最信任的两个贴身卫士给拽住了。而蔺仁基也没有坚持再要揍人，事后还把两个卫士给褒奖一番。想想也是，如果不是人家拉着拽着，如果不是这两人还真有把子力气，并州城里的第一把手和第二把手打架的丑闻也覆水难收了。

　　蔺仁基没有揍成李孝廉，心里却从此对这个副手窝了一肚子火，而李孝廉表面上挺潇洒，其实那也是装的，骨子里面对蔺仁基那是超级看不起，超级大反感。好在，军马和军粮的事朝廷也没怎么再催着，原因是上元元年的时候天后武则天发表了她在历史上具有深远影响的《建言十二事》，事实上也等于是提出了她后来的政治主张。而在这十二条"建言"中，其第三条就是"息兵戈，以道德化天下"。正是因为天后武则天的这个建议，远征高丽的事情事实上就处于一种暂时停滞的状态，并州城里两个大人物的争吵并没有影响朝廷的军国大事，但两人之间的关系却已经形成水火之势。在李孝廉看来，天后的这篇《建言十二事》起码与他的那封密信有关，起码说明当初搁置征马是对的，也就是说我李孝廉和你蔺仁基相比那水平是不在一个档次的。而在蔺仁基看来，这个处处为难顶头上司的李孝廉纯粹就是个正事不干却专会吹毛求疵的纨绔子弟，只等得朝廷来考察的时候好把这个扎眼的家伙给一脚踢到千里之外。

　　就在这个节骨眼上，狄仁杰来了。只是，狄参军虽说是新官上任，但他这个"官"在都督府里要排也得排在十几二十名之后了。所以对于这个"新官"的到来，那就比不得一个七品县令那般隆重和重要，莫说别的，连个真正接待的人都没有。那么是并州这边不知道这个新"官"将要到任吗？错！不仅知道，而且知道，正因为知道，而且知道这个人是皇帝钦点，而非吏部遴选，所以这第一把手蔺仁基和第二把手李孝廉对这个人连见也没见就都有了一个并不太好的看法：这个人，还不知走的什么路子呢。在蔺仁基来说，狄仁杰这小子既然没有上过战场，那还不和李孝廉一样是个耍嘴皮子、玩笔杆子的？而在李孝廉看来，这个狄仁杰居然以"明经"入仕却又在短时间内就能混个上州的参军干干，那一定也不是什么正道上的同人。再说了，李大人原本就瞧不上那些非进士出身的官员，这样，似狄仁杰这样既非进士出身，却又"窜"得恁快的人，就是双重的瞧不上。狄仁杰一心只想着回到并州这是报效乡梓来了，哪里知道并州都督府里还有如此多难以示人的章程？所以，当他首先按人家的指点来到本应该管这事的都督府司马李孝廉的办公处时，李大人先是给了他一个不冷不热的微笑，或者说是皮笑肉不笑，一边笑一边只看看吏部的书札就开始往出推："啊，啊，狄大人，来了好，来了好啊！这样吧，你看你这也算朝廷直接委任的官员了，你的报到还是应该找咱们并州府的最高长官蔺大人去啊，要不，我派个人给您指一下路？"就这样，李孝廉等于把狄仁杰像皮球一样给踢到了蔺仁基府上。而初到蔺府的狄仁杰也就难得地欣赏到了这位并州城里最高领导人的剑术。

蔺仁基的剑术不是一般的好，功夫也不是一般的深，严格地讲它并不属于哪家哪派，或者说就是蔺仁基自己的独门独派。蔺仁基练剑还有一个习惯，那就是不喜欢任何人来打扰。哪怕是家人也不行，所以经常弄得一家子人做好了饭等他吃，就是没人敢来叫。狄仁杰和狄虎找到蔺府的时候，蔺仁基的剑正舞在兴头上，刀光剑影之中，但见那后花园中飞沙走石，寒光一片，在夕阳的辉映下，构成了一幅幅壮美的画卷。狄虎从小也练剑，他的师傅正是狄仁杰，而狄仁杰的师傅则是父亲狄知逊为他在中南山所拜的一位道士。那道士身手也十分了得，曾经在大隋做过文帝的内侍，后因看透杨广无道，大隋必亡才一怒之下不辞而别，到中南山里做了道士。因此，细说起来，狄虎、狄仁杰两人都是剑术方面的内行，看到蔺仁基舞到精妙之处，两个人禁不住齐声叫起好来，一边叫好，一边还可着劲地把巴掌拍得山响。要说，往日里蔺仁基舞剑时给他喝彩的人多得是，但委实说从来没有一个是叫好叫在蔺大人自己感觉最妙的地方，所以他才特别反感那些不懂装懂或专事拍马之辈，因而也落了个不喜欢别人看他练剑的"恶名声"。然而今天怪了，居然有人在他练剑的时候十分精确地喊出了蔺氏剑术的奥妙之处，这喝彩绝非一般外行所能。

蔺仁基舞完一路招数,把剑往空中一抛,顺手将剑鞘往上一迎,那剑不偏不倚,"当啷"一声,可可儿正好剑归鞘中。这个功夫,没有十年八年的磨炼是绝不敢轻易使出的,今天蔺仁基也是听到有人喝彩喝得恰到好处,这才干脆又露一手,颇有后来宋人苏轼那种"老夫聊发少年狂"的感觉。蔺仁基收回宝剑,将剑递给迎上来的家僮,又接过家僮递上来的毛巾,擦擦汗,然后看看这二位不速之客,开口道:"二位见笑了,老夫也是玩个高兴,只是这么舞来舞去,终究没有战场上来得痛快。"顿顿,又问:"你们这是……"

狄仁杰赶忙接上:"大人,在下狄仁杰……"

令狄仁杰没有想到的是,刚刚还热情洋溢的蔺仁基,只听他一说出自己的名字,那脸上的热情就散去三分,与此同时,蔺仁基把手一摆,冷冷而道:"知道了,你不就是那个由皇上钦点的法曹参军吗?你可知道,我并州府法曹参军竟然由当今皇帝钦点,大人你可是头一份,面子不小啊。你报到应该找管这事的人去啊,什么事都找我这个长史来管,成何体统?"连珠炮不待歇,那意思,你小子,蔺某不欢迎,再说,报到你找李孝廉去啊,这事也要我管?狄仁杰简直是被蔺仁基打了记闷棍,心下想,这是怎么了?莫非我有什么说话不妥的地方?或者就是不该看他练剑?可是明明蔺大人刚才还挺好的嘛!一定是这个皇帝钦点让他产生什么怀疑了,以为我是投了什么人的门子。这事可怎么解释得通?好在来日方长,身正不怕影子斜,于是故作镇静道:"大人,狄某本系并州人氏,回到并州,正该上报朝廷之恩德,下效乡里之情谊,一切唯大人马首是瞻,岂敢有半分懈怠?只是,一个时辰之前,狄某前往府衙报到,却被司马李大人推曰以狄某之身份,应该找大人您来报到,所以狄某这才……"

　　要说蔺仁基就那么小心眼？倒也不是，方才对这个新来的部下一通不客气，其实他自己的心里也在打着小九九，毕竟人家是初来乍到，你对这个人也并无详细的了解，或者说真像有人说的，这个人是投了什么很高的门子，譬如万一就是天后的亲信或亲戚又当如何？现在一听李孝廉已经给这个年轻人吃了一个闭门羹，心里反倒生出些许怜悯，勃然作色道："什么？狄仁杰，你说他李孝廉竟然让你找本大人报到？"

　　狄仁杰点头，心想蔺大人该不会又让狄某再去找李大人报到吧，就见蔺仁基那蒲扇大的巴掌往一棵大树上"啪"地砸了过去，直把那树砸得摇晃起来，嘴里这才愤愤而道："好，狄仁杰，他让你来找老夫报到，你来就对了。什么人嘛，有本事欺负一个新人。我老蔺这一次还就是要开个先例，亲自安排你的一切，看他姓李的以后如何指使于你。哈哈，好！"然后招呼那个一直等着他回家吃饭的家僮道："告诉夫人，今晚老夫有公务，不回家吃饭了。"转身又对狄仁杰道："狄大人，回到家乡，今晚你给我好好喝几碗杏花村的老酒，这个可是年年上敬皇上的贡品，在长安、在洛阳可是轻易喝不上的。"

　　狄仁杰被这位孩童般多变的领导给弄得一惊一乍，但上峰请客，这个不能违抗，心里打着鼓，只好跟着蔺仁基直奔一家据说乃本城最好的酒店而去。

　　李孝廉想不到，蔺仁基这个倔巴头居然在狄仁杰来的头一天就请这个新人喝了酒，而且连一个作陪的都没叫，可见其关系非同一般；更邪乎的是，长安来的消息，狄仁杰虽说是明经出身且并非在朝中有什么过硬的裙带关系，但他居然是以正直无私而出了名的阎立本阁大人亲自向皇帝推荐的人才，这就不可小觑。阎立本是什么人，一般的料子，他能看得上？自己当初怎么就那么耐不住性子，而要平白无故地得罪这样一个新人呢？或者，阎大人已经给姓蔺的打过招呼了？也罢，日后相处留心着点儿是了，所谓害人之心不可有，防人之不可无。有了这样的想法，李孝廉这个顶头上司对新来的法曹参军狄仁杰反倒比对那几位老的参军更加"看重"，也更加随和。当然这随和里面也多少包含着提防的意思。而在狄仁杰来说，原本想都没有想过在两位领导之间选落点，所以在对待李孝廉的时候也丝毫没有故作姿态，这反而让李孝廉心中更加吃不透底，总觉得这个人似乎城府很深。反倒是蔺仁基，由于李孝廉一开始的"弄巧成拙"，又由于后来也听说狄仁杰竟然是自己的老朋友阎立本所荐，说起来那就算老阎的门生了，而这又使老蔺心中对狄仁杰就免不了有视为同门的感觉。

狄仁杰义感长史

正是由于这阴差阳错的种种原因，新人狄仁杰初到并州，很快就在工作中打开了局面。那么具体来说，这个法曹参军是干什么的呢？简而言之，就是主管司法的办事人员。如果硬要给拿个现代官名套的话，大约可以相当于如今的中级人民法院法官兼公安局刑警大队队长的综合角色。而在并州府衙这一级政府机关来说，和法曹参军同级或者说同职而不同级的"参军"一共六人，曰功曹、仓曹、户曹、兵曹、法曹、士曹。要说起来，这六曹参军个个事儿都不少，当然也可以个个都不干事儿，因为你的上面还有总领这些的司马李孝廉大人，而司马上面还有可以否决司马意见的都督府长史大人。如果和我们现在庞大复杂、层层叠叠的政府机关相比，这个机构显然是要简单得多，也精干得多，原则上也应该办事效率要高很多。然而未必，几乎就是狄仁杰初到汴州担任判佐时的翻版，并州府里积压的案件也不少，竟然有人犯在州监狱里面已经关押至死都没有等来早应到来的判决，而其本身所犯罪行充其量也就是小偷小摸，如果按大唐律法，甚至连关押都够不着的。面对这堆积下来的案件卷宗，新法曹开始了废寝忘食的工作，基本的日程就是白天审案判案，夜里阅读卷宗，不到两个月的时间，竟然把积压了几年的案子全部理清判决。当李孝廉听到这事的时候，首先是不信，可人家告诉他，这是事实，决不带虚的。而且听说这么判下来，起码到现在还没有一个人出来说案子判得不公正的。这怎么可能呢？李孝廉更不信了。你说狄仁杰勤快，干活效率高，那有可能，但有句俗话说得好，萝卜快了不洗泥，狄仁杰纵是神人，俩月干了别人几年的事，再怎么这也得有几件差错才对呀。怎么会完美到无一差错呢？于是李大人不辞辛苦，亲自上阵来复查。结果是，李大人费了九牛二虎的力气，排除一切"干扰"，其实也等于是放下一切工作，也用了差不多两月的工夫才把那些卷宗看完。可是两个月下来，仍然没有一个人来说狄仁杰的案子判错了。这下，李孝廉服了，知道阎立本推荐的人那绝不是吃干饭的，也知道一个如此拼命工作的人那是不可能参与什么派系争斗的。从此以后，李孝廉对狄仁杰的态度才算是真正由客气转向敬重。

转眼就是一年，一年间，狄仁杰在并州都督府里已经由一个新人变成在工作中游刃有余，而在同僚和上下级之间又有着极好口碑的能人、好人。

这一年的中秋前夜，大约是高宗和武后又想到了远征高丽或征讨突厥的事情，尤其是对付突厥应该有一支真正的精锐骑兵，就像汉武帝时期的骠骑将军霍去病那样来如雷霆突至，去如疾风扫过。而这样一支部队的战马显然不是中原农耕区的马匹所能胜任的。因此需要由内地派人到西域去具体联系安西都护府为朝廷采购马匹，然后再由安西都护府派人负责把马匹转运内地。而内地派人这个重任就落到了并州都督府的头上。君命如天，军令如山，蔺仁基批示，火速派人，却并不说谁去，那就由你李孝廉定了。李孝廉也不敢拿这事开玩笑，公事公办，负责这事的那只能是兵曹参军郑崇质。

然而，要郑崇质离开并州去出这趟远差还真是有点太难，但是不让郑崇质去也有点难。先说这不让他去的难，采买军马，无论如何都应该是你这个兵曹参军的分内之事，这样的差事，十年八年也难得轮上一趟，你兵曹参军不去更让谁去？更何况，那个时候的出差可不比一千四百年后的官员们可以或坐飞机或乘高铁或自驾车之类的悠闲惬意。从并州到安西（新疆），即便骑快马也得一月之久，这还得路途之上并无蹉跎，而要做到这一点那可不是你想没有就没有的。西域遥远，尽人皆知，山川阻隔，且在其次，盗匪出没则尤其难测。曾经就有过这样的事情，有人远差数月，最后差没有办成，人却当乞丐回来了；更有甚者，一去杳无音讯。似这次安西之行，虽然最少也可以带一两个伴当同行，但这样的情况，如果遇上豺虎之类倒也罢了，干兵曹的和他所选的人相信还是有一定本事和胆略的，碰个单帮劫道的也能应付，可万一碰上成群的土匪尤其是经常流窜过来的异域劫匪，那命运交割可就难以预测了。正因如此，郑崇质要推托这个差事那就很难张口，明摆着的，苦差一趟，且有性命之虞，兵曹的俸禄你拿着，遇上难事让别人去顶包？这个既不合情也不合理。所以李孝廉在给这个本来是他最要好的兄弟布置任务的时候连一点商量的余地都没有。而郑崇质在接受这个任务的时候，气都没敢吭。

再说这让郑崇质此去安西的难。平心而论，老郑不是贪生怕死之徒，平日里工作也是很上进的，问题是郑崇质自己家庭出了状况。说来也巧，就在几天前，大家刚喝了老郑中年得子的喜酒，郑崇质先前娶过一房，夫妻十年未得一男半女，夫人也因此抑郁成疾，半道而亡，老郑无奈续娶了一个，谁知这一下，还真是不到一年就给老郑家续上了后，这些天，老郑一下班就巴不得赶紧回到家里伺候夫人呢。偏巧就在这节骨眼上，老郑八十高龄的母亲或许是因为第三代人的到来令老人家喜出望外，高兴得有点过度，原本健健康康，还计划抱孙子的老人家突然就跌了一跤，一下子瘫在床上反倒成了必须有人伺候的病人。就这两档子事，搁谁谁不头疼？而远差安西的任务偏偏就在这个时候摊到了郑崇质的头上。

同情，无奈，感慨万端，或许还有个别人在暗中庆幸这事没有落在自己的头上。然而，这一年多来已经对郑崇质多有了解的狄仁杰却在想着怎么样才能帮老郑摆脱目前这种进退维谷、左右为难的境况。怎么办？这差事是绝对免不了的，而老郑也是绝对不能去的，那么，怎么办？第二天一早，想了一夜的狄仁杰一上班就赶到了长史蔺仁基那里，郑重其事地向第一把手提出了自己的建议："大人，安西的那趟差事交给在下去吧。"

"什么？你再说一遍！"蔺仁基根本想不到，狄仁杰竟然会提出这样的建议。

"大人，我是说，郑崇质根本就不应该在这个时候离开他病中的母亲和刚刚坐月子的妻子，我们在官场上做事，但首先应该做人，一个人连他的母亲和妻儿都不管不顾，那还有何颜面去说人教人？现在既然安西的差事不能等待，而郑崇质又不能走这趟差，那就不如让我顶替郑大人出这趟差，从而成全一个孝子的仁孝之心和作为丈夫、父亲当尽的义务。反正我狄仁杰是一个人在并州做事，无牵无挂一身轻。"狄仁杰说得轻松自在，而蔺仁基听得感慨万端。等狄仁杰说完他的理由，蔺大人良久才叹口气，一改平日对狄仁杰的称呼，不再叫仁杰或怀英，而使用了完全是晚辈对长辈的称呼问道："狄公，你可知道，此一去，千里万里，匪盗出没，那可比不得内地，这样的差事，别人推都推不开呢，哪有抢过来干的啊！"稍顿，不待狄仁杰回话，蔺仁基又说："你可想好了，当真想好了？现在收回也来得及啊！"

狄仁杰也深受感动，不为别的，就为蔺仁基那句包含了多少情义的称呼，不禁向蔺仁基这位是很可敬的前辈深施一礼，以坚定的口吻答道："大人，狄仁杰想好了，而且保证把差事办好，绝不给大人您丢脸！"言毕，大步而去。

狄仁杰走了，蔺仁基却陷入了深深的思考：一段时间以来自己虽身为并州最高长官，却因为一些个人义气和李孝廉这个第二把手闹得很不愉快，也直接和间接造成了整个都督府里或明或暗拉帮结派的风气，在一定程度上影响甚至严重影响到了整个都督府的工作，以狄仁杰为镜子照照自己，真是愧不敢言，无地自容。

蔺仁基越想越觉得自己在狄仁杰面前显示出了真正的渺小，越想越感觉到自己有必要悬崖勒马，回头是岸。终于，一生耿直，自认为不会弯曲的沙场宿将蔺仁基鼓足了勇气，敲开了很久不曾到来的李孝廉办公室，反倒把个李孝廉一下子给愣住了，眼看着顶头上司纡尊降贵，来到自己的地盘，自己却毫无心理准备，一向能言善辩的大知识分子李孝廉竟像一个小学生似的张大口，说不出话来。倒是蔺仁基心直口快，走过来，拍了一把李孝廉的肩膀，不请自便地坐了下来，然后笑道："孝廉老弟，想不到本官会来你这里吧？其实，远的不说，放在一个时辰前，本官自己都想不到，可是，现在，我老蔺不仅想到了，而且很痛快地来了。为什么呢？你听我说一下老夫我这头脑里的转变过程，我想你李大人也一定会痛快地同意我老蔺的说法的。"

李孝廉诺诺连声，赶忙恭恭敬敬，一边为蔺仁基上茶，一边说道："大人，在下愿听大人教诲。"

蔺仁基又一笑道："咳，说来惭愧，不是老夫我能教诲于你李大人，而是狄公狄仁杰教诲了我啊！"

"什么，狄公？您叫狄仁杰狄公？何至于此啊？"李孝廉大惑不解。

蔺仁基微微笑道："我知道你不理解，但你听老夫说完，一定会理解的。"于是，蔺仁基把有关狄仁杰请命替郑崇质出差之事的前前后后原原本本地向李孝廉复说一遍。这其中绝大多数的情况李孝廉也是早已明了的，而且关于郑崇质委实难去的情况他也是知道的，但是，这么艰难的差事，竟然有人自告奋勇替人家去，这样的事情，不仅闻所未闻，甚至连想都不敢想的。非亲非故，何况即使是亲戚故交，又有几个人能做到这点呢？蔺仁基讲得激动，李孝廉听得感动，讲到最后，蔺仁基一把握住李孝廉的手，嘴上却满是对狄仁杰的赞叹："李大人啊，狄仁杰虽然是我们的部下，论年龄我们也虚长几岁，但是，他的所作所为却显然是我辈望尘莫及的。真可谓，狄公之贤，北斗以南，一人而已！"

"对，大人说得对啊，狄公之贤，北斗以南，一人而已。有大人这句话，您今后看我的行动吧，孝廉定当唯大人马首是瞻，以狄公为榜样，克己奉公，齐心合力，为朝廷维护一方，为百姓造福一方。"

两个人，四只大手，紧紧地握在了一起。

狄仁杰故里所建狄公祠

第二节　不是神探　确是神判

　　狄仁杰在并州法曹参军任上一干就是十多年。这十多年间，都督府里的长史换了，长史手下的司马也换了，狄参军由一个新人变成了老人，唯一不变的是历任长史和司马对他的信任还有并州城里十万百姓对这位同乡的爱戴。假如你在此期间来到并州境内，你若打问长史是谁，司马何人，百姓中十有五六未必知晓，但是你若问到并州城里的狄参军，则百姓们百分之百地会告诉你，那是我们有着菩萨心肠智慧眼的狄老爷。正是在狄仁杰的勤奋工作下，十几年来，并州城里治安状况空前的好，路不拾遗、夜不闭户在这里不再是一个遥远的神话，而作为并州城里的最高长官，无论是蔺仁基还是他的继任者，竟然没有一个人感到这个狄参军竟然盖了领导的风头，压了首长的名头。反而是对他信任有加，因为道理很简单，无论任何事，在别人来说再难办理，只要一交给狄参军，那么，一切马到成功。有这样一个部下，对于领导来说，岂能不是福气？然而，现在，当时间来到公元 675 年的时候，长史坐不住了，百姓也不再安定了，因为有消息说，狄仁杰要走了，朝廷两次考察的结果是这个人无论如何不能再留在并州都督府了，因为那样的话就失去了朝廷选贤用能公平用人的原则，朝廷不能对任劳任怨、政绩突出者视而不见，狄仁杰这样的人才，就应该让他到更适合他发挥才华的地方去为朝廷做出更大的贡献。

不知由谁发起，并州城里的百姓决定要为他们衷心爱戴的狄大人建一座生祠。这是一个出奇而大胆的行动，若说建生祠，古来有之，但那基本上都是为曾经给当地做出突出政绩的令百姓终生难忘的那些行政长官而建的。从来没有听说过有某地竟然要为一个第三把手以下的官员建造生祠。因为就一般情况来说，这样的官员你本身也不可能给百姓留下多么难忘的恩德，创造多么突出的政绩，再说，即便是有人出于什么心思要干这件事的话那也一定会遭到当地长官无情干涉乃至镇压。就是说，这样的事，对于百姓想要感念的那个人来说，十有八九反倒会给他带来噩运。再说，关于建生祠在大唐本来就有极其严格的规定，《唐律》之一百三十四条规定，凡建生祠，无论官员在职与否，均须逐级申报，最后由朝廷批准方可。一旦发现有人唆使民众，假造功绩，或者收买官员，虚称民意，当即严办，直至把主使者送入牢房，而且连同生祠一块捣毁。除此之外，还要追加以严苛的经济处罚。也就是说，建生祠这个念头，官员们轻易是不敢动的。

然而，凡事都有个例外，现在并州城里的最高长官听到这个消息，不仅不制止、不反对，而且公开大力支持，希望百姓办好这一件青史留名的好事，因为他们觉得，这也是对那些勤奋工作者的鼓励和为后来者树立的一个榜样。再说，通过这样的举动来赢得百姓的支持与赞誉，难道不同样是当政者的荣光吗？

任职大理寺

　　一再挽留，十里相送，家乡的人民给予狄仁杰无限的感念与颂扬，但狄仁杰还是于公元675年春天离开了他辛勤劳作十多年的家乡并州，来到长安，进入中央最高司法机关大理寺担任大理寺丞。这个职务简而言之也就类似于现在的最高人民法院的法官。要说起来，这大理寺丞的级别并不算很高，从六品而已，比之于狄仁杰当并州法曹参军最后几年那个七品上也只高了一点点，但是，这个位置的要害在于它的权力之大，确实不可小觑。整个大理寺只有寺丞六人，却要分管来自全国各地的所有大小疑难案件，更重要的是，这个法官可以面见皇帝，把自己的意见和建议在必要时直呈上去。那么，狄仁杰来到大理寺的时候，这个全国最高司法机关又是一个什么状况呢？先说一个附带应该说明的情况，当时京城里的监狱附设在大理寺，这里关押的绝大部分是疑难案件的嫌犯，狄仁杰初来乍到，提出要到大理寺所属各处走走看看，结果这一走一看就把他看出一身汗来。为什么呢？因为他看到了大理寺监狱中人满为患、混乱不堪的惨状，也深深感到了自己作为大理寺法官所肩负的责任之重大。

　　我们知道，狄仁杰有着在并州法曹参军任上的十年经验，虽然层次有所不同，但论审案断案则早已是行家里手，关于这一点，尽管身为国家最高法律机关六大法官之一的狄大法官并非像一千三百多年以后的人们所赋予他的另外一个形象那样，是什么无所不能的超级大侦探，但是你若说这位狄大法官断案如神却是一点不为过的。一个惊人的数字是，狄仁杰在进入大理寺后的第一年里，竟然一连判了涉及一万七千八百人的案子，案件达四千例之多。这样一个数字，若非对狄仁杰确有了解，一般人简直连想都不敢想。这不相信的人中间就包括一位大名人——货真价实的民族英雄、中日战争史上第一位在一场海战中全歼日本海军的大唐名将，也是时任首席宰相的尚书左仆射刘仁轨。关于刘仁轨，其实拿他的故事写一本书那分量也不在狄仁杰之下，最著名的当然要数他一手指挥并全歼日军的"白江口海战"。这件事发生在唐高宗龙朔三年（663）八月，当时，刘仁轨率唐军和新罗联军共一万三千人，战船一百七十艘，在白江口（今韩国锦江入海口）与日本和百济联军不期而遇，日本海军乃以举国之力，倾巢出动，与百济联军共计四万二千人，战船达千艘之多。八月二十七日这天，两军相逢于白江口一带，刘仁轨与敌稍一接触，便指挥各船分四面"撤退"，不过，虽是"撤退"却阵容整齐，毫不紊乱，日军见状，认为唐军怯战，但也不敢分散去追，因为他们认为唐军的目的是要和日舰以单对单，我还偏不给你这个机会，让你把我零星吃掉。于是，日舰齐头并进，那阵势也是威风凛凛，煞是好看。可是，再看唐军，各自退到一定程度后，反而不再撤退，而是摆开架势，单等日舰前来。日舰一看好啊，你不跑了，我就挨近了和你近距离肉搏。可是，刘仁轨是不会给他们挨近的机会的。就在日舰进入唐军的弓弩射程后，刘大帅令旗一挥，唐军的火箭便从四面八方"嗖嗖"直奔日军战舰而去。这时，正值西北风起，那火卷着龙一样的长舌，在日舰间乱窜，日舰彼此之间挨得又近，你冲我撞，整个江口一带，既是火势又是血水，把海面都染红了。不待唐军杀到，日军相互碰撞间已经损失十之六七，等到好不容易有一部分从这火海中逃出，却又落入严阵以待的唐军战舰口袋，不得已纷纷投降，算是保留一条性命。这次战役，唐军以微不足道的损失，全歼日本海军，也一战奠定了此后一千多年整个东亚地区的战略格局，而被刘仁轨打服了的日本也正是从此开始虚心向大唐学习，派出了数以万计的"遣唐使者"，逐渐把大唐先进的文化科技带回了日本，从而使这个东洋小国快速地赶上了世界的潮流。

现在，曾经打了大胜仗，又回来当了首席宰相的刘仁轨面对狄仁杰时却几乎发生了一点偏差。本来，刘仁轨之所以来到大理寺，是按照朝廷的规矩，履行一年一度的检查工作的。这样的工作刘大宰相年年做，那是熟手。无论哪个部门，你若想在他这里隐瞒什么那是很难的，所以，当他看到大理寺在上报人员考核意见中竟然把一个从来没有听说过的什么狄仁杰给评了个"中上等"时，刘大宰相想也不想就把这个"中上"给改成了"中下"。这样的事情，搁一般人，一般单位，那是任你大宰相改的。可是今天不行，今天这个单位的领导乃是和刘仁轨同为宰相且兼大理寺卿的张文瓘张大人。张文瓘一看刘大宰相把狄仁杰的"中上"给改成了"中下"，一把拉住老刘道："刘大人，这个人你可改不得啊。"

刘仁轨一脸的不屑，头也不回道："张大人，有什么改不得？这个人如果我没记错的话，应该是你大理寺的新人吧，你这里的规矩不就是所有的新人都给下等或中下吗？老夫我已经手下留情了呀。"

张文瓘道："大人有所不知，这个狄仁杰可不是一般的新人，正是由于他的存在，这一年来我这个大理寺卿才当得轻松起来，整个大理寺也显得像一回子事了。这个人我是拿他顶三五个人用的。这么说吧，如果你老兄还不明白，那么我给你一个具体数字，这个人在这一年之间竟然判决了一万七千八百人的案子。想想吧，我的老兄！一万七千八百人，近四千个案子啊！不说别的，光卷宗那得看多少？说话得说多少？这且不说，关键问题是，这一七千八百人竟然没有一个喊冤的。你看我这大理寺门口清净多了吧？可以这样说，整个大理寺之所以有今天，全赖狄仁杰一人之功。这样的人，我没有给个上上就已经有点对不起他了，你再给个中下？让我以后怎么在大理寺说话？"

刘仁轨震惊了，毕竟是聪明人，而且对于张文瓘这样的官员，他是绝对信得过的，这狄仁杰若非确有过人之处，谅张大人自不会为他争这个品级的。于是，大宰相提起笔来，在那改过的地方重新又改了起来，只是，这一次，"中下"变成了"上下"。这个等级是足以得到朝廷奖掖的了。

前面我们说过，大理寺丞这个官级别虽然不高，位置却很重要，因为他可以和皇帝见面。但是，世界上的事情任何时候都有其两面性。能被皇帝接见这个"待遇"也是如此。尤其是身为法官，一旦皇帝叫你，说不准就是皇帝要对某个案子亲自关心了，在这样的"重压之下"，还能不能够秉公断案，那就是对你这个法官的考验。狄仁杰有"幸"很快就迎来了这样的一次考验。

初生牛犊不怕虎

事情的起因是禁军的一次郊外打猎，禁军左威卫大将军权善才和中郎将范怀义两人在带领弟兄们外出打猎时，一不留心跑得远了点，赶到中午时分，弟兄们肚子实在饿了，有人就提议把打下的猎物烧几只来填填肚子。正好路过一片树林，那林子里有一些树已经干枯，有人就说，拿它来做柴火如何？权善才想也没想就同意了，原本这样的事多了去了，一般百姓出来打猎往往也会拿猎物烧了充饥的，何况禁军，砍几棵枯树算什么？可是权善才也好，他手下的军士们也好，大家都只被那烧烤猎物的浓浓的香味吸引着，然后便大快朵颐去了，谁也没有打问打问，或者仔细看看，这树倒是哪家哪户的，可动不可动的。

要说就这么一件平常之事，枯树也砍了，猎物也吃了，大家早把这事给忘了。可是，谁也没有想到，过了一段时间，居然就有人自称是这坟墓的主家，而且径直找上门来，直接到大理寺就把两位将军和他的弟兄们给告上了。有案子就应当审判，可是这个案子却让大理寺卿张文瓘着实有些为难，把大家叫到一起开会，一连问了几个法官，都表示自己不愿意接这个案子。为什么呢？难道就因为这个被告权善才乃是太宗朝的久战宿将，又是皇帝身边的近臣而不愿得罪他吗？是，也不是！权善才虽然背景不小，那原告背景更大，大到哪里？大到他就是当今圣上高宗皇帝。而且，这位原告的要求很简单，权善才那厮竟然毁了我家祖坟上的风水宝树，非杀而不能解恨！你瞧瞧，这样的原告，这样的条件，你让法官们怎个敢接这案子？张文瓘一筹莫展，法官们不愿接这个案子，实在是情有可原，但既然皇帝都把状子给你大理寺递上了，那无论如何也得审吧。看起来，这件差事再难也只有老张自己硬着头皮接了。想到此，张文瓘不禁一声长叹，正要说声散了吧，突然有人说话了："大人，这个案子既然大家都不接，那就让在下来吧。"

有人自告奋勇？张文瓘喜出望外，其实，这个自告奋勇者他不是没有想过，只是觉得这么大的事情，弄不好十有八九会砸了人家的饭碗，一个新人，初来乍到你就让人家挑这么重的担子，于心何忍？然而，你不用他更用谁？此时谁能为你分忧？张文瓘不由得一阵感动，却又觉得这事或许还有变数，狄仁杰初生牛犊不怕虎，今天这事就让他试一试有何不可？

狄仁杰雷厉风行，原本这个案子也并不复杂，按照法律往最严的判也就是了。法律规定，皇家陵园里的一草一木皆神圣不可侵犯，动了那就是犯罪。但是怎么处理呢？狄仁杰的判决是："将权善才、范怀义二人免除官职，永不录用。"当然附带要罚一大笔银子。

想一想，仅仅是砍了人家坟边的两棵枯树就弄了个"双开"，这两人够冤的，可是，喊冤还轮不上他权善才和范怀义，因为有人觉得这个判决太轻了，简直就是蔑视皇帝的最高权威。这个人当然就是原告唐高宗。皇帝生了气，但人家不会到你大理寺去喊冤，而是直接下命令把大理寺的法官们齐齐叫到圣殿之上，当着百官之面开始申斥这不明事理的主审法官。

"权善才他们砍了皇家祖坟上的大树，这既是对祖宗的不敬，也是陷朕于不孝，这样的人怎么能够让他再活着？这个案子，不判死刑是不可以的啊！"原告态度十分强硬，当然也可以理解为这就是训示，是圣旨。大理寺的人，也包括文武百官个个噤若寒蝉，谁也不能吭气，看高宗那个样子，不砍了权大将军那项上人头怕是绝不甘休的。

然而，面对这一切，狄仁杰却似乎全不在意，看看大家都不作声，往前一步奏道："陛下，权善才等固有罪，但罪不至死，臣是按照大唐律法给他们以最严厉的处罚了。如果这个判决不能通过，那臣不知还有什么法律可以适用。"

高宗站起来又坐下，突然变得不讲理起来："狄仁杰，你是一个好法官，但朕现在只要你判那厮的死刑。因为朕知道你也是一个好臣子，是朕的忠臣，对吧？”

这时候，最最着急的不是狄仁杰，也不是高宗，而是特意站在了狄仁杰旁边的张文瓘，眼看高宗火气越来越大，而狄仁杰也没有罢休的意思，赶紧拉拉狄仁杰的衣袖，示意这位可敬的部下适可而止，哪知不识好歹的狄仁杰却丝毫没有退让，接住高宗的话就开始反驳：“陛下说臣是忠臣，臣很高兴，然忠臣就意味着臣不能对圣上曲意逢迎，而应当犯颜直谏。臣听说，犯颜直谏自古以来就是很难的事，但臣以为，所谓难，在桀纣之时，自然是难；而世处尧舜，则难也为易。如今陛下当政，就是尧舜再世，臣肯定要比商纣时比干丞相的命运要好得多。所以，再不好听的话，臣也是要说而且敢说的。”

这个话高宗是比较爱听的，也是狄仁杰所采取策略的一部分。看看高宗面色稍缓，狄仁杰又道：“昔汉文帝时，有人偷了高祖庙里的一只玉环，文帝一时之怒，命令廷尉张释之将此人处死并灭族。张释之就当庭抗命，认为如果因为偷了一个玉环就灭族，那么如果有人跑到高祖坟上去挖土盖房又该判何罪呢？最后文帝也就同意张释之的意见了。所以文帝落了个善于纳谏的名声。”

在狄仁杰有理有据的陈述之下，高宗感到了一丝无助，因为他实在无法反驳这个固执的家伙，可是他还是不想放弃杀人的念头，竟然以企求的口吻耍起了无赖：“狄仁杰，你说的也算有道理吧，但朕就是要想杀这两个人，你就法外处事吧。反正这是朕要你杀的，后人骂也骂不到你头上。”

狄仁杰更不干了，皇帝已经认错，这就好办，就高宗这个理由，他本想笑，但他却一本正经道："陛下，这样说臣就更不能杀这两个人了。大唐的法律是圣上您制定的，这个早已诏告天下。在咱们大唐，任何一项判决都应该于法有据。怎么能够有法外之判呢？再说，如果陛下您都不把法律当回事，又怎么让天下的百姓来执行？所以，为了陛下的形象，为了江山社稷，臣也不能判这两个人死刑。"狄仁杰的话，斩钉截铁，震慑着整个朝堂。高宗本来就是个聪明人，原本是因为有人进谗言，被这个事儿气得一时糊涂，经狄仁杰这么一说一辩，也觉得自己有点过了，于是转怒为喜（或许也有装的成分，不过当皇帝的不能装也就干不成了），指着狄仁杰道："好啊，狄仁杰，你能守法，我大唐就多了个好法官，这是我大唐的幸事。就按你的办吧。"说完，又转过头来，对站立一旁的史官吩咐："记着，把今天这事给朕写入史册。"

当然，我们应该说，高宗皇帝其实是个十分聪明的人，附带应该说明的是，这个时候武则天作为皇后已经与高宗并称天皇天后，而且事实上好多重大事件的决策与人事关系的变动都出于武则天之手，对于狄仁杰这样一个人才，武则天又怎么能够放过呢？于是，权善才事件后不久，《新唐书》《旧唐书》都说是"数日"或"居数日"就下令调狄仁杰到御史台出任位置更重要和皇帝也离得更近的侍御史。

惩治贪官韦弘机

又一个新的职位，又一次新的挑战，同时也是在政治这个舞台上大展风采的又一个新的机会。狄仁杰意识到，这个新的职位虽然从级别上来说只比那个大理寺丞高半格，但真正的不同在于，先前那个工作更多考验的是你个人的工作能力和工作态度。而且之所以被张文瓘挑到大理寺，与自己之前的工作经历有着很大的关系。这一次则完全不同，御史台是干什么的？专门给朝中的官员，也包括给皇帝挑刺找毛病的，换句话说，你的业绩就是别人的问题。但这个工作对于国家，对于朝廷来说却非常重要，侍御史就是给这个国家机器治病的特殊的医生。正因如此，在皇帝心中这个位置是非常重要的，在官员们眼里，侍御史也是很有分量的。当然，打铁先须本身硬，你既做这个官，就必须在各方面严格要求自己，而这一点，对于狄仁杰来说似乎不成问题。

狄仁杰在侍御史这个岗位上如鱼得水，上任后一方面积极工作，获得了高宗、武后和绝大多数朝臣的信任，另一方面则在积攒着在这个新的行当里的经验和教训，准备着干出一番常人所难及的事业。终于，机会来了。也就是在狄仁杰担任侍御史的第三个年头，历史又让他得到一个再一次十分露脸的机遇。作为御史，狄仁杰这一次选中了一个超绝大目标。为什么这样说呢？因为这被参被弹劾的人虽然表面上看是一位部级官员，但是，相关联的却是当今皇帝，也就是说，狄仁杰竟然参了皇帝一本。

事情的缘由在于四年前高宗和武后要离开洛阳回长安的时候曾经表示了想要把已经略显破旧的洛阳宫殿给修葺一下。修就修吧，朝廷从国库里拿银子不就得了？偏偏高宗又生来较抠，而且朝廷因为连年打仗也确实折腾得国库里面没有多少银子。既要装修，又不给钱，这活儿搁一般人是绝对不敢接的，可是，当朝的农业部长（司农卿）韦弘机却主动申请了这个工程，而且十分肯定地告诉高宗："陛下，您放心，臣一定把事情办好，让陛下从长安一回来就能看到一分惊喜。至于银子，您更不要操心，臣那里每年给伐木拨付的款项都有余额，现在差不多有四十万两黄金呢，这个钱怎么着装修一下宫殿也够了。"高宗和武后高高兴兴地走了，韦弘机放下农业上的事情不管，专一做起了监工，来给皇帝装修宫殿。不过呢，即使按高宗的话说，原本的意思也只是修葺而已，什么是修葺？就是因为洛阳的宫殿基本还是隋朝时所建，至今已六十年，房顶掉瓦，墙上掉皮之类的事儿经常发生，那么，重新收拾一下，粉刷一下，这个应该就是修葺的意思了。可是韦弘机不这么想，四十万两黄金，就要做出和这个钱相匹配的事情来的。洛阳的宫殿不仅旧，而且也少，何不趁皇帝不在之机为他盖上几座新的宫殿呢？于是，韦弘机尽展平生才华，在装修原有宫殿的同时又新建三座大殿。不仅建新殿，而且在宫殿与皇家花园之间还建了一座廊桥。整个儿宛如仙境一般。

平心而论，举凡历朝历代，皇帝喜欢佞臣，其实是有一点儿道理的。因为忠臣、直臣只能给皇帝以监督，成天嚷嚷着让皇帝"励精图治"呀，"关切民生"啊，总之是人家一有什么吃喝玩乐的事你就要挡横拦住，岂不知"衣食足，知荣辱，仓廪实，思礼节"，又道："饱暖思淫欲"；皇帝也是人，是人就免不了要产生一些享乐的念头，有些帝王，譬如高宗之前的隋炀帝，又譬如高宗之后的唐玄宗，在创业之初都是精明强悍，十分了得的，可是一旦事业有成，就开始往享乐的路子上走，结果都断送了或者几乎断送了江山。高宗没有隋炀帝和唐玄宗的气魄，也没有他们那种穷奢极欲的做派，但是你若说他也想把自己的宫殿弄得好一点，这个想法是很正常的，只是碍于其父太宗的榜样在前，又有贞观时代留下来的一批老臣在后，再后来又加上一个做了天后的武则天专美高宗，也不许那些花花事总来找皇帝，总之，这些人隔三岔五就会嚷嚷天下民生，根本不给他奢侈的机会。现在可好，高宗人家并没有说我要重建宫殿，而且也没有从国库里面掏钱，这崭新的宫殿和仙境般的花园却建起来了，你说高宗能不高兴，一高兴能不奖赏韦弘机这个"大功臣"？是的，一般人是这么想的，韦弘机也是这么想的。可是且慢，对于韦弘机钻营讨好皇帝，拿重金营建皇宫这件事，朝臣们意见大得很呢。你想得到的奖赏因此也就怕是没有那么容易得到的了。首先是刘仁轨，老刘虽说这些年年纪大了，本已不愿得罪于人，可是韦弘机这事却瞒不过他的眼睛，也逃不过他的嗅觉。毕竟刘仁轨在中枢多年，这些大臣谁那里干得怎么样心里明镜似的。国库里有多少钱也知根知底，至于韦弘机说修宫殿不花国库的钱，那也只能瞒得了别人却瞒不了老刘。要说，皇帝想改善一下居住条件也无何不可，做臣子的没有理由非得打横，但这事儿得讲究个正道，给皇帝办事你却说你自己拿钱，这不是笑话吗？普天之下，莫非王土，你韦弘机的钱从哪里来？难不成从老娘肚子里带出来的？再一打听，猫儿腻出来了，居然是克扣劳工的工钱所得，这中间的问题可就大了。按说，以刘仁轨的身份地位，查这件事情并不算难，但这件事查归查却矛头不能直指修建宫殿的事，而要绕开宫殿本身，在韦弘机身上找毛病，这就需要恰当的策略与大量的时间和精力。为此，老刘希望找一个能够冲锋陷阵的阵前勇士，他自己只要做一个幕后英雄（其实是狡猾，以老刘的身份，这种事只能成不能败，韦弘机不是问题，关键是皇帝，皇帝一旦死保韦弘机你也没辙。刘仁轨可不能因为这事把养老钱给折腾没了）。找谁呢？老刘想来想去想到了狄仁杰，刘仁轨不动声色，先把狄仁杰找来，然后将这个疑问扔给狄仁杰，让他自己去想想。

当然，他说得很艺术。

"怀英啊，听说了吗？洛阳的宫殿经过韦弘机主持装修可是大变样了。要比长安这边的好上许多了。"刘仁轨先放一个话的由头。

"是啊，我也听说了。"狄仁杰应道，"韦大人很能干啊，听说没有花朝廷的钱，是他自己筹来的资金呢，那得多少钱啊！"

"哼！多少？四十万两黄金。自己筹的，你信吗？准确的说法，韦弘机说是没有拿国库的钱，这个可就看怎么说了……"刘仁轨把自己知道的情况向狄仁杰细细道来，最后道："这个事，说到底就是让皇帝失德啊！任其发展，必然会为朝臣起到一个坏的榜样。何况这个钱的来历大有问题，现在就看有没有人去参他这一本了。"

刘仁轨意思清楚，狄仁杰心领神会，当即表示自己愿意当这个恶人，哪怕皇帝开罪也在所不辞。狄仁杰从调查韦弘机家人的经济状况入手，这一查果然就查出了令人瞠目的问题：韦弘机以下，这个家庭的所有成年人，包括韦弘机年逾古稀的老岳母在内，都在放高利贷，以韦弘机的弟弟为例，竟然在长安和洛阳各自都有房产不说，还在民间甚至朝臣之间放有高达数千两黄金的高利贷。而在韦弘机主管农林的这些年间，朝廷每年都要为采伐大量树木而下拨好多资金，因为谁都知道，在深山老林中伐木是一项极其艰苦的工作。韦弘机一开始的时候也还老实，国家拨多少钱基本都支付伐木工的工资和伐木所需的一应支出了，到后来，眼见得这么多钱从手中流过，实是有点眼馋，就想办法由自己和家人雇用收买了大量的户奴，然后由他的家人和亲戚把这些伐木的工程承包下来，再由户奴用正常工资的一半甚至更少的报酬为他们采伐。这一下可就省下了大量的资金，而朝廷从国库中拨付的钱可一分没少甚至还有增加。这一里一外，韦弘机和家人这些巨无霸的"包工头"可就发了大财。狄仁杰明察暗访，在掌握了确凿证据的情况下，上书弹劾韦弘机，原本韦弘机那是有恃无恐，觉得自己给皇帝办了这么大的好事，而且高宗也对他夸赞有加，还正等着朝廷给他加官晋爵呢，哪里想到高宗（其实更可能是武则天）简直是"无情无义"，一看到狄仁杰的弹劾状写得有理有据事证确凿，而且最关键的一条是，这整篇的弹劾状中没有一字提及韦弘机建皇宫的事，而只说他家里那"巨额财产来源不明"以及贪污腐败的事情，这就使皇帝本身和这件腐败案子脱离了关系，而且实事求是地说，韦弘机的贪污和高宗也真的没有什么牵连，至于修建皇宫的事，反正韦弘机的那笔钱说到底也是来自国库的，用在皇宫建设上自然也就无何不可。

事实是，高宗一点面子也没有给韦弘机留（当然更应该考虑天后武则天的因素），毫不犹豫就在狄仁杰的弹劾状上点了朱批：韦弘机着即罢免。关于这件案子，也许有人会说，韦弘机贪污那么多的钱才弄个罢免，也太便宜了，其实仔细想来，那些钱的绝大部分还是用在皇家建设上了，虽然来龙去脉有些不端，毕竟那么大一笔钱韦弘机还是留在了国家账上，并不曾全数贪没，狄仁杰能够把这么重要的一个皇帝红人给拉下来，已属不易。笔者倒是觉得，单从这件事来看，说狄仁杰乃"神探"还真有些道理，起码在侦破这个贪污案上，狄仁杰确实有点儿福尔摩斯般推理大师的风采。

为官一方造福百姓

狄仁杰在侍御史的岗位上没有待多久就被朝廷派到西北边疆的岐州去当了一次救火队长，然后因为武则天看到了他全面的才能尤其是理财筹划方面的才华而调回中央担任掌管政府预算开支的户部支度司郎中。

狄仁杰在这个新的岗位上也实实在在只办了一件事。什么事情呢？狄仁杰刚当支度司郎中不久，正赶上高宗和武则天要到位于并州府下辖宁武境内之汾阳宫去巡幸一番，并任命狄仁杰一个临时职务——知顿使。也就是这次巡幸的财务总管兼秘书长。这一天，狄仁杰正在准备有关事项，有人送来一件公文，狄仁杰一看，居然是自己的老家兼老单位并州都督府发来的公文。请拨付一大笔钱，要给皇帝和皇后巡幸汾阳宫新修一条高级公路。文件中说，这事儿由并州府出人（大约也得几万民夫干个把月的），但需朝廷出钱。狄仁杰在并州府干过那么多年，对于并州的交通状况可谓了如指掌，从长安到太原，再到太原西北的宁武汾阳宫之间道路虽然最早建于隋朝，但前些年狄仁杰自己走过非止一次，就算皇帝出巡，稍加修整也蛮可以的了，何至于要新建一条道路呢？再细了看，那理由是有的，也许提出这理由的人还觉得站得住脚，但在狄仁杰看来却十分荒唐。那文件上说，之所以要修新路，乃是因为在通往汾阳宫的老路上要通过一座叫作"妒女祠"的地方，而通过这个地方的人如果穿着鲜亮的服饰，就会招来妒女神的嫉妒，电闪雷鸣，风狂雨暴，不利于当今圣上与天后的出行。

狄仁杰一笑置之，把这报告扣了下来，再一细想，光扣报告还不行，那并州府的现任长史李冲玄已经把几万民夫开到他所设计的工地去了，现在首要之事是让李冲玄把工程停下来，这样才能减轻人民负担，不至劳损民力。于是，狄仁杰找到高宗和武则天，侃侃而谈道："天子之行，风伯清尘，雨师洒道，何妖女避邪？"什么意思呢？天子出行，那是要受到上苍护佑的。风伯为之清扫道路，雨师为之清水洒道，这是上苍的护佑，小小妖女哪里敢来挡道？高宗和武后听了，觉得还是狄仁杰说得有理，于是，当即命令李冲玄，停止新建道路，让民夫回家去吧。发了这道命令，高宗又止不住对武则天感叹："狄仁杰这才是真正的大丈夫啊！"不过，狄仁杰想在户部好好干一番事的计划并没能存在多久，户部支度司郎中的椅子还没有坐热，就又接到新的任命，因为西北地区又出现了一个新的麻烦不断的动乱源头。虽说这种动乱比不上吐蕃的侵扰对朝廷的危害之大之直接，但是它的长远影响是不能忽视的。这就是宁州——一个在地理位置上居于关中地区和西北战区交通要冲的关键所在，一个汉族与少数民族交集最密集的地方。要办好这样一个地区的事情，对于好多官员来说是令人头疼的差事，当然也是令朝廷头疼的政事。而在选派一个什么样的人才能治理好宁州的问题上高宗和武则天遴选再三，最后再次选中了狄仁杰。当然，这一次的差事与在岐州的安抚之职也有着很大的区别，因为，新的职务是——刺史，一个地区的军政总负责，真正的一把手封疆大吏。

从历史上看，宁州之所以叫作宁州，最早源于西魏（535—556）取抚宁戎狄之意。也就是说，这里从来就是一个多事之地，乱战之所，事实上很少有安宁的。在唐代，从高祖时起，这里就是西边的吐蕃与北边的突厥轮番骚扰的交汇点。因而也就成为大唐抵抗或进攻这两个宿敌的前沿阵地和屯兵基地。也正因为如此，这里的百姓的生存状态要比狄仁杰在岐州所遇到的情况更加严峻。从地理上看，宁州地处黄土高原，沟壑纵横，水土流失，十年九旱，灾害连连。再从人文情况来看，那就更加令人不寒而栗，高密度的民族交叉，造成了多发的民族冲突，官员们在汉族和少数民族之间往往左右为难，两边不讨好，反过来更加剧了民族矛盾，也给吐蕃和突厥这两个宿敌安插在这里的密探提供了可乘之机。大约也正是因为这些理由，狄仁杰之前的地方官大都以军事需要为由，乱摊滥派，横征暴敛；而对朝廷则一而再再而三地谎报或夸大灾情敌情，从朝廷求得大笔救灾或备战的款项后又私分暗贪，层层瓜分，结果朝廷救急救灾的钱落到百姓手里的每每反倒没有留在官员们手里的多。百姓怨声载道，无可奈何之下十户中倒有至少三户举家搬迁，剩下实在走不了的也尽量想着法子少和官府打交道。唯求平安而已，不敢奢望繁荣。

狄仁杰对于这些情况在前就有所耳闻，因此，这次来到宁州，他又一改雷厉风行的作风，不声不响，以微服与狄虎二人先在街头巷尾进行了深入细致的调查了解，在掌握大量第一手资料的情况下，这才大刀阔斧地干了起来。干什么呢？查账兑现。这是一招令贪官污吏们闻之色变的绝招。要说起来也不算狄仁杰的发明，只是这个事要认真起来，它的威力之大就不得了。这些年来，宁州的各级官员们贪没朝廷下拨的救灾款绝非小数，但是你从他们上报给朝廷的账面上看却根本看不出什么问题。几乎每一笔钱都让他们在这账面上抹得平平实实，似乎没有什么破绽。但是，账面归账面，虽然那账面上写尽了每一个铜钱的去处，也签着形形色色张三李四王五赵六，诸如此类领款者的名字，但那签名甚至鲜红的手印在当过大理寺法官的狄仁杰面前还是轻而易举就可以看出造假的痕迹。现在当狄仁杰把那些在账本上"签了名"的百姓和管理这些救灾款项的官员叫到一起的时候，两相对证，事情的真相立马显现。此时此地，贪没了救灾款的官员真是恨不得凿个地缝钻了进去，退钱是小事，头上这顶乌纱怕是保不住了。

然而，狄仁杰并没有赶尽杀绝，在官员们人人自危和人人都争相退还赃款的情况下，狄刺史又把宁州所有官员召集起来给他们训话，意思无非是你们的所作所为按律应该受到什么处罚你们自己清楚。不过，你们的这些恶行都发生在本官到达之前，如果你们能够痛改前非，重新做人，本官可以给你们一次机会，姑且让你们戴罪立功。但是，如果发现有人继续顶风作案，或者怠慢本官的政令。那么，前后罪过一并计算，绝不轻饶。

接下来，狄仁杰一方面把官员们退还的救灾款项真正补发到百姓手中，让百姓体会到了朝廷的关爱与温暖。从而稳定了人心，另一方面着手动员百姓积极恢复生产，繁荣经济。狄仁杰的身影常出现在田间地头等农业生产的第一线，身为刺史的他，亲自勘测、亲自设计，在宁州全境大兴水利，鼓励水土保持，并带领人民清除了河道中淤积多年的沉渣滞物，使得自古以来就有着"好稼穑，植五谷"传统的宁州人民置情于勤劳之中。也是天公作美，风调雨顺，狄仁杰来到宁州的第一个秋天就获得了多年罕见的大丰收，不仅一下子解决了百姓的吃饭问题，连带驻军的粮饷也有了可靠的保障。

在此情况下，狄仁杰又针对困扰当地行政官员多年的民族纠纷问题开始调整民族政策。他放弃骑马，步行到少数民族聚集的村寨与其首领相谈甚欢，使其真正感受到了大唐朝廷的恩德与威严无处不在，也使整个宁州地区的民族关系得到了较大的改善。人民努力生产，各族相安无事，从来事端多发、民不聊生的边境地区倒成了安乐祥和的世外桃源。

唐睿宗光宅元年（684），当初与唐太宗一起南征北战，一统江山的开国元勋李勣（徐勣）的孙子徐敬业在江南的扬州打起了匡复唐室，迎中宗复位的旗号，向武则天打响了武装斗争的第一枪。这场战争或曰闹剧在武则天派出的正规军的扫荡下，顷刻瓦解，徐敬业送了小命不说，还连带得老徐家和与老徐家有交情的好多人人头落地。整个大唐朝廷的政治格局开启了新的篇章，那就是武则天暂时还不是皇帝而事实上已经完全成为最高统治者的时代。

垂拱二年（686）十二月，好不容易腾出手来的武则天要在整个国家的治理上下一番功夫了。其中很重要的一件事就是派亲信要员到各地视察，检查地方官员的工作。派往西北视察的是侍御史郭翰。且说郭御史一路走来，所到之处，所闻所见令人气愤之事甚多，几乎每到一处都会碰上有人拦路喊冤，长跪告状。可以说，正是因为朝廷的混乱，也间接导致了地方官的不作为或者说乱作为。如不及时纠正，必将危及整个国家的安定，而朝廷的形象事实上已经受到了极大的损害。这一切，也使得颇有忧国忧民之心的郭御史忧心忡忡。然而，当郭翰一进入宁州地面，情况立即发生了根本性的变化。由于狄仁杰为政清廉，口碑一向不错，这个名声早已传遍天下，郭翰为了了解到更加真实的情况，事先做了一定的准备，一个办法就是乔装打扮，微服私访，万一狄仁杰也只是个墙内开花墙外香的主呢？可是，郭翰失望了，但他也喜出望外了。在宁州，无论你是和刺史府衙的官员攀谈，还是和街头巷尾的老叟唠嗑，你所听到的清一色皆是对爱民如子的狄刺史的赞誉，至于你目之所见，更是犹如进入到一个理想中的天堂圣境。整个宁州，无论是汉族居民区，还是少数民族聚居区，一派祥和气象，民风之淳朴，经济之繁荣，路不拾遗、夜不闭户在这里是真实的再现，可以说，在地方治理的方方面面都达到了一个崭新的高度。郭翰被感动了，当他住了下来，在宾馆和其他同来的官员交流时，禁不住感叹道："像狄刺史这样的官员，真是朝廷的瑰宝，是百官包括你我这些人在内的榜样。这样的人，让他在地方上长久待着，真是委屈他了，也太有些大材小用了。这次我回去，一定要向太后郑重推荐狄仁杰，让他回到中央去发挥更大的作用。"

郭翰回京不到两个月，新的任命就下来了。朝廷调狄仁杰回京，担任主管全国工程建设的副部级官员冬官侍郎。

闻听狄刺史要离开宁州，整个宁州顿时不宁起来，从州衙里的普通官员到汉村羌寨的农夫猎户，到处都在议论着，那就是不管狄大人走还是不走，宁州人为了感谢和怀念狄仁杰的恩德，要集资为这位真正的"青天大老爷"造一座生祠。这也是并州之后百姓们为狄仁杰造的第二座生祠。

巡抚江南力扫淫祠

垂拱三年（687），狄仁杰受武则天召见，一番恳谈之后，被任命为江南道巡抚大使，前往江南去执行一项特殊使命，这也是狄仁杰作为朝廷的"救火队长"第三次执行这样的任务。

那么，这个特殊使命的具体内容是什么呢？就是扫"淫祠"。什么是淫祠？就是多余的，非正规的，没有得到国家认可的那些祠堂和寺庙。那么，这时江南的这种淫祠又多到什么程度呢？一句话，应有尽有，无奇不有。被官方认可的，诸如孔子、老子、玉皇大帝、我佛如来就不说了，奇怪的是此地竟然供奉着许多匪夷所思的牛头马面野种鬼神。吃饭有食神，喝酒有酒神，割肉有肉神，奉茶有茶神，不仅牛头马面可以为神，就连蝎子枇杷也可以为神，而那些多少有一点儿好名甚至恶名的人更是处处为神，处处祭祀。什么越王勾践、吴王夫差、春申君、楚霸王、马援、赵陀、范蠡、西施、南山大蛇怪、北坡老树精……

那么，老百姓供奉这些神或者鬼有什么问题吗？当然有的，首先，他们和人抢饭吃，而且是把最好的那一部分都供给了依附于这些神鬼身上的那些寄生虫。其次，他们的存在耽误了老百姓生产生活的大量时间和空间，消弭了人们与自然灾害做斗争的士气和精神，相反还会由此产生邪教，蛊惑人心，进而动摇武则天实质统治的社会基础，造成社会的动荡不安。对于这些问题的认识，狄仁杰在从京师出发之前就和皇太后武则天取得了一致，手握尚方宝剑，自然干起事来就更加大刀阔斧。用一句一千多年后的话说，那就是有如雷霆万钧之势，横扫一切牛鬼蛇神。正是在这种总的原则指导下，一向以温情和仁慈为手段的好官狄仁杰这一次扮演了一个十足的"恶人"。他的直接手段也很简单，那就是一个字："拆"！真正的强拆！结果，原先在某些人看来简直是固若金汤的神祠鬼殿在短短的两个月之内就被拆掉一千七百多座。当然，要拆掉的那些所谓"名人"的祠堂，则无一不是有着这样那样的忌讳和对国家社会的危害。譬如大名鼎鼎的西楚霸王项羽，要说起来，此人从太史公他老人家开始就以英雄与豪杰的形象出现了。他又是江东人氏，在当地享有相当大的名气，享受一份供奉似乎也不为过。但是，你也必须看到，这个所谓的英雄他最后之所以走向灭亡的真正原因并非战之不利，也非倡之不和，而是因为他的残暴。正是他，创造了一系列的屠城、坑杀战俘的可耻记录。这样的人有什么英雄可言？以狄仁杰一向的仁爱之心，肯定不能容忍这样一个人继续享受祠堂和祭祀。当然，狄仁杰也知道，拆毁楚霸王的祠堂，要遇到的阻力比拆毁一般神和鬼的淫祠大得多，为此，他又采取了一文一武"两手抓，两手都要硬"的手段，以无可撼动的正气，气冲山河的笔锋，洋洋洒洒，写下了一篇足可以千古流传的雄文《檄告西楚霸王文》：

鸿名不可以谬假，神器不可以力争，应天者膺乐推之名，背时者非见机之主。自祖龙御宇，横噬诸侯，任赵高以当轴，弃蒙恬而耻剑。沙丘做祸于前，望夷覆灭于后，七庙堕圮，万姓屠原，鸟思静于飞尘，鱼岂安于沸水。赫矣皇汉，受命玄穹，膺赤帝之镇府，当素灵之缺运。俯张地纽，彰凤举之符，仰缉天纲，郁龙兴之兆。而君潜游泽国，啸聚水乡，矜扛鼎之雄，逞拔山之力，莫测天符之所会，不知历数之有归。遂奋关中之翼，竟垂垓下之翅，盖尽由于人事，焉有属于天亡！虽驱百万之兵，终弃八千之子。以为殷鉴，岂不惜哉！当匿魄东峰，收魂北极，岂合虚承庙食，广费牲牢。仁杰受命方隅，循革攸寄，今遣焚燎祠宇，削平台室，使蕙帷销烬，羽帐随烟，君宜速迁，勿为人患。檄到如律令。

这是现存下来为数不多的狄仁杰雄文，其气势之磅礴，意韵之深沉，使人能够想起同时代的大才子骆宾王。

人们也许要问，狄仁杰巡抚江南，为什么要和西楚霸王这个"死老虎"过不去呢？难道仅仅是为了移风易俗，强调大唐受命于天的正统或者就是彻底地为解民之负担，破除丑陋恶习吗？是，也不全是，其实只要了解发生这场力扫淫祠运动的时代背景，我们就可以想象得到这件事情其实没有这么简单。

前面我们说过，公元 684 年，徐敬业发动了一场实质上是针对武则天的叛乱，而叛乱的根据地就在江南。不管出于什么原因，当时跟着徐敬业起哄或者起兵的人也有十万之众，虽然这次叛乱在朝廷正规军的镇压下很快就瓦解了，徐敬业的人头也送到了京城，但也有消息说，那颗人头其实只是一个冒牌的替代品，也就是说，真正的造反首领，反武则天的始作俑者还不知在哪里呢。

其实，早在徐敬业叛乱被平息的次年，就有人提议武则天派要员到江南去巡视一番，一方面，安抚受到牵连的百姓，另一方面随时发现并打击、扼杀那些有可能出现的次徐敬业苗头。这样，淫祠就成为必然的铲除对象。因为，这种淫祠为各种鬼神提供了麇集和作乱的场所与意识，即使没有徐敬业的存在，在好多情况下，它们也会滋生出形形色色的邪教帮派。如果朝廷对其熟视无睹，无异于养虎遗患。

狄仁杰高效而迅猛的江南扫除淫祠之行动大获全胜，不管传说中的"徐敬业"或骆宾王之类是否还存在，他们可以寄身和喘息的基础是已经彻底清除掉了。对于狄仁杰的巡抚工作，武则天表示十分的欣慰，狄仁杰刚一回到京城就被提拔为正部级的文昌右丞（宰相助理）。现在，狄仁杰可以在中枢做一个安稳官了吧？且慢，新的使命，又一次救火行动在等待着这位功臣，等待着这位武则天最放心的消防队长。

豫州城里"失火"了

垂拱四年（688）九月，狄仁杰连文昌右丞的职责所在都还没有全部搞清就又一次被武则天派去救一场"大火"。

事情的缘由其实还是因为和徐敬业造反同样的理由。

对于武则天的野心，李唐皇室中有人再也按捺不住了。其代表人物是唐太宗第八子，也是高宗皇帝最小的异母兄弟豫州刺史越王李贞。再一位就是李贞王爷的儿子，同样也是王爷的琅琊王，时任博州刺史李冲。平心而论，武则天对这父子俩不薄，李贞的正式封号是越王，皇室亲王还可以担任一州刺史，且是与洛阳并不太远的豫州刺史，你的儿子同时也担任另一个州的刺史，这份信任，这般重用，在武则天时期的李家子弟中并不多见。但是李贞心底对武则天是不满的！想一想吧，你武则天当你的皇太后也就罢了，凭什么还想当皇帝？更要命的是，现在武则天摆出一副架势，那就是不仅她自己要当皇帝，而且要让武承嗣当太子，也就是说，竟然想把李家的江山让给武家坐。这还了得？再怎么着，你说李显这个皇帝不行，李旦这个皇帝也不行，好啊，我们李家有的是男人，比你那两儿子能干的有的是，再轮也轮不上你把这大好江山给武家吧？为此，李贞王爷的儿子李冲干脆自己做了一份诏书，同时伪造的还有一颗差不多可以以假乱真的玉玺。那诏书上面就写："武则天想要颠覆李唐天下，各位要赶紧肩负起你们的责任。"所谓"天下兴亡，匹夫有责"，何况各位皇亲国戚！这时候，就李冲来说，那是不反也不行了，光说这伪造玉玺和伪造诏书两件事，那就足够杀几次头了。

李冲不仅伪造了诏书，而且也最早在山东聊城一带竖起了反武勤王的大旗。本来，这位年轻的王爷是很有一番雄心或野心的。此人自幼精于骑射，多少获得了嫡祖太宗的真传，再加上手里有一份"诏书"，手中还掌握着"玉玺"，一开始的时候，跟着李冲起哄的人还挺多，因为李冲王爷说这次是好多州县约好了同时发端，同时起兵的。他手下的人就觉得弄不好就有可能混个开国元勋当当。于是，起事当天就聚集了五千人的"部队"，不过这些人说到底是乌合之众，一没有经过训练，二没有军装兵器，从内到外，不说打仗，光看起来就乱哄哄的，实在不像一支可以一战的军队。那么，有人会问，这王爷手下就没有部队吗？确实没有，盖因当时唐朝的兵制和行政机构是完全走两条线的，你虽然贵为王爷，又是地方上的行政长官，但是，对不起，你调不动哪怕就住在你这里的国家正规军一兵一卒。李冲不是不想拉一支正规军过来一起干，问题是那些当将军的没有朝廷的（就是武则天的）命令兵符那是绝对不会听你任何人调遣的。但人们不能不佩服李冲这位年轻王爷的干劲和不怕死的精神，虽然手里就那么五千人马，但是他一开始就想的是造大声势干大事业，而不是坐以待毙。李冲的第一个目标是黄河以北的济州，要打济州就得先把武水拿下，要说，这武水县还是有所防备的，早早地就向他的上司魏州府求救，魏州也派出了由莘县县令马玄素带领的一支有一千七百人的军队，命令半路截杀李冲，可是这位马玄素县令官虽不大，脑子还是转得比较快的，他就没有李冲那么冲动，不为一时的气焰所迷惑，公然抗命，不和李冲那五千人野战，而是把自己的一千七百人带进武水城，和武水的驻军合兵一处，以逸待劳，等待李冲的"再衰三竭"。

我们说过，李冲是自认为很得祖宗真传的，他周围的人也这么捧他。当然他也确实看过不少兵书战策，说起来总是滔滔不绝，不然也不会得到武则天的认可，让他年纪轻轻就当了王爷刺史。李冲认为，以自己的这些兵力，必须速战速决，至少通过一次大的胜利来提高士气。他的办法则是借中国历史上已经被多次证明行之有效的火攻之计，火烧武水城。为此，李冲命人把许多装了干草的车子塞在县城的南门，企图借助风势，烧开南门，趁乱入城。可是谁知天不佑其谋，大火方起，风向突变，一时倒把李冲自己的人烧得望风而逃。乱了阵脚。

经过这一仗，李冲不仅士气受挫，而且五千人散去了两千，李冲自己则还没等到武则天所派的由她的宠臣、同时也是有名的酷吏中人左金吾卫大将军丘神勣所率的正规军动手就被一个当初为了和他"打天下""封妻荫子"叫作孟青的莽汉给一棍子打死了。空有一腔韬略的李冲王爷还没施展绝世才华就做了不白之鬼。不过这个农民孟青却当真因为李冲而做了官，竟然被武则天封为将军，等待"封妻荫子"了。

李冲起兵仅仅七天就灰飞烟灭，李冲之死的消息在第一时间传到了他的父亲李贞耳中。此时，李贞的第一反应本该是赶快向朝廷请罪，以图自保。可是，李贞"负荆"的计划还没有开始实施，情况有变。他最信任的一位手下，新蔡县令傅延庆居然已经招募了两千"死士"，也就是说这些人是宁肯为李贞王爷战死的敢死队。有了这样一支队伍，李贞为儿子报仇的欲望和与武则天扳一下手腕的想法又占了上风。于是他决定先把儿子已经败亡的消息封锁起来，赶紧在自己的地盘上也竖起了招兵大旗。别说，这一下也招募了四五千人，李贞为了鼓舞大家的士气，又郑重其事地对大家说："我儿子李冲的军队所战皆捷，目前已经发展到二十万人的大军，而且，他已经攻下了相州、魏州等地，很快就会杀到这里和我们会师了。"李贞这一套精神胜利法肯定不会起大的作用，但你若说一点作用不起也不是事实。不过，哄哄别人可以，哄自己就难了。李贞知道儿子是已经靠不上了，唯一的希望是自己的行动能够带动其他说好了共同谋事的李氏宗亲能够多有几个人和自己一样赶紧干起来，如果真是那样，也许武则天就不一定能顾得上他这点儿兵马。因为李贞知道自己的这些人根本危及不了武则天的强大统治。然而，希望中的宗室响应迟迟不见动静，李贞只得再出奇招，把全城的和尚道士弄到一块，命令他们向各自的大神我佛如来和太上老君这位李家自认的祖宗烧香磕头，请两位神通无边的大神给自己的兵马以保佑。为了继续忽悠这些人为自己卖命，李贞还给大家每人弄了一张盖有玉皇大帝和如来玉玺的神符，说是带上这个就可以刀枪不入。这样的故事仔细想想在其后的中国历史中还多次上演，诸如义和团之类，对于这种借神符以催命的表演，李贞王爷看来是享有知识产权的。再往大了说，这似乎也是中国传统文化的一种，虽然只是糟粕，但时至今日，仍然是很有市场的。

　　李贞想得不能说不周全，可是真正在战场上说话还是得靠实力。九月初，武则天命令宰相张光辅为诸军节度使，以十万精锐大军直扑豫州而来。战斗的结果其实很简单，李贞的神兵在朝廷正规军面前仅仅打了个照面就被那些神裹胁着落荒而逃了。李贞还算有点骨气，不能成功，那就一定要成仁，李贞果然成仁去了，他喝下了给自己预备好的毒酒，坚决不做武则天的俘虏。

那么，有人也许要问，既然李贞的反叛都已经结束了，还派狄仁杰来救什么"火"呢？原来，李贞的队伍是很快就被朝廷大军给灭了，可是豫州这个地方却并没有因此得到安宁。一段时间以来，就不断有人从豫州出逃到洛阳，说如今的豫州竟然就是死城一座，比李贞造反可要恐怖多了。这是怎么回事呢？武则天觉得不可思议，想要探个究竟，而这个作为她耳目和心腹同时又真正能办事的人想来想去还只有狄仁杰最合适。

狄母亲手所植的千年古槐

第三节　不畏强暴　独救苍生

舍生忘死救豫州五千百姓

　　狄仁杰领命而行，这一次的头衔是豫州刺史。狄仁杰来到豫州，稍一了解就知道情况甚是严重。李贞当初起兵总共不过五千，而李贞兵败后，张光辅只在豫州一地抓来的"李贞余党"就已经超过了五千人，并且所有这五千人都已经画押招供，案子是已经做实了的。一向在朝臣中以神断闻名的原大理寺法官这下不能不佩服张光辅和他手下那些人的工作效率真是高得出奇，怕得出奇。因为这不是普通的案子，"李贞余党"是反叛朝廷的罪名，是死罪。可以想象，如果真的有那么多"余党"，李贞的造反又焉能那么快就完了蛋！问题还在于，张光辅张大帅的军队还不满足于这五千人的战果。

　　狄仁杰感到了事态的严重，觉得自己再也不能坐视不理，不能袖手旁观。作为这个地方的"父母官"自己有责任为这个地方的民众争得一条活路，同时也有责任为朝廷为武则天的政治负责。显然，如果事情真的按照张光辅的做法实行下去，那么，丧尽民心将是可以预料的结果。

而这肯定是武则天不愿意看到的。他决定给武则天写一封信，把这里的实际情况反映上去。可是，这封信怎么写呢？首先你不能把张光辅这种扩大化了的肃清"李贞余党"给彻底否定掉。因为在当前的形势下，武则天所要的正是对那些反对她有朝一日九五登基者的"杀一儆百"。张光辅的行动虽然是扩大化了，但你不能说他就没有反映武则天的意志。然而，以自己对武则天的了解，武则天应该不愿意滥杀无辜，尤其不愿意把自己的形象搞成一个可以与秦始皇、楚霸王相比的施暴者。在武则天看来，反对她的，充其量也就是那些李唐皇室的孝子贤孙，而老百姓是一定会拥护她的，且不说她已经或正在每天都从全国各地收到许多类似将要拥立她登基正式取代她的儿子成为皇帝的劝进信，也不论朝中大臣和武家弟子有多少人眼巴巴地期盼着她早日迈出这决定性的一步，就算退一万步讲，对于百姓来说，谁当皇帝不是照样顶差纳粮？何况武则天相信自己干得一定会比儿子们更好。也就是说，不管张光辅怎么汇报，怎么邀功，武则天并不会对他全面相信，否则也不会派你狄仁杰来做这个刺史。反过来说，同样的道理，武则天也不会对你狄仁杰就比张光辅相信得更多。而且，在事关"反武"和叛乱这个敏感问题上，谁敢保证她就不会走极端？如果一时震怒，把你狄仁杰做了这五千人之后的第五千零一个，那也不是没有可能。然而，因为怕事而退缩，不是你狄仁杰的性格，身为地方官而不管你治下百姓的死活也不是你狄仁杰为官的信条。舍得一身剐，敢把这个张大宰相张大元帅张大节度使得罪一回，即使粉身碎骨又何惜哉！这个夜晚，狄仁杰把给武则天的信写了又撕，撕了又写，一直折腾到天亮，熬干了两灯油，扔下了一地纸，终于，在东方拂晓之际，这位刚刚到任不到三天的刺史把一封承载着五千人性命与自己全部政治前途的信函郑重地封了口，打上火签，然后叫过人来，命其火速送往洛阳，再如此如此，这般这般。

　　狄仁杰决定去会一下张光辅，见面之后，狄仁杰单刀直入，也不和张光辅客套，走过去一把拉住这位大宰相大元帅的手道："听说您光抓'李贞余党'就弄了五千人，而且还都要杀头，这事可是真的？如果是真的，这么大的事竟然不和地方通报，怕也不合大唐规矩吧。"

　　见面先开两炮，把个张光辅一下子就打蒙了。本来，关于狄仁杰来豫州当刺史的事，他在狄仁杰从洛阳出发前就已经知道了。从心底讲，他很想让武则天把这道成命收回，可是再一想，又觉得太后之所以派这么个人来当刺史本身似乎就是对自己的不够信任，起码是不像自己想象中的那样绝对信任。而狄仁杰的桀骜不驯又预示着这家伙很可能会破坏自己正在进行的对"李贞余党"的肃清运动。至于为什么要抓五千人的"李贞余党"，这话就不能对别人讲了，因为明摆着，李贞真正的死党太少了，否则就不会败得那么快、那么惨。可问题是，如果当真按照真正的李贞死党来抓，那又要这十万大军驻扎在这里做什么？同理，如果没有这五千人作为张光辅和他十万大军的"战利品"，又何以证明这支部队师出有名，而且劳苦功高，连带的问题则是，将领们的封赏，士兵们的赏金又该从何而出？

　　张光辅想定之后也就静下心来和狄仁杰周旋："狄大人啊，你说的这件事朝廷已经定了。你就不要再插手了吧！"

　　狄仁杰道："不然！下官以为，依照大唐制度，这样的案子是必须经由地方逐级上报，层层审查的。为的乃是防止冤案错案的发生。下官虽不才，但请大人把您的部下所抓那五千人的卷宗拿来让下官看上一看，也好帮大人把把关啊。毕竟下官曾是在大理寺待过那么几年的。"

狄仁杰的要求不过分，但张光辅知道，他的手下办案是不需要正规卷宗的，反正这五千人都是"李贞余党"，即使编个卷宗，那上面也是一样的。除了姓名年龄是真实的，其他全是假的。所以，慢不说这卷宗它就没有，即使有也是禁不住狄仁杰这样的专家来考察判断的。干脆，一不做，二不休，就说这是国家机密，不能让人看的，因为害怕传出去会给朝廷造成损失云云。

狄仁杰在这事上也是早有所料，现在一看张光辅耍赖，立马正色道："张大人，这个案子事关五千人的生命，现在你连卷宗都没有便要将这些人杀掉，不能不有草菅人命之嫌。狄某受朝廷重任，太后所托，刺史豫州，不能不为这五千生灵着想。冲撞之处，还请大人见谅。"狄仁杰这话软中带硬，绵中有刺，张光辅不是听不出来。但张光辅之所以为张光辅，他能够混到宰相这么高的位置，也不是白给的。一见狄仁杰来硬的，马上也拿出了宰相和总节度使的威严，厉声喝道："大胆狄仁杰，见到本帅还不跪下！你还知道你对本帅有所冲撞，你可知道冲撞军中元帅是何罪过？你说你受朝廷信任，太后所托，本帅告诉你，本帅也是受皇帝信任，太后重托前来扫平逆党叛乱，肃清李贞余党的。你现在一再与本帅作对，为这些叛党贼子说话，本帅倒要问问你的居心，莫非你和李贞老儿当真有什么牵连不成！"

厉害！狄仁杰心中暗叫，其实这也是狄仁杰在这件事上之所以犹豫再三的根本原因。说实话，如果张光辅一口咬定你狄某和李案有关联，再找上几个为你"做证"的人来，那还真是一时让你说不清楚。好在自己已经有所防备，大不了弄到太后那里，也不至于掉了脑袋。想到此，看看张光辅一副"得理不让人"的样子，不由得嘴上挤出一点笑意，冷冷回道："张大人，有道是有理不在言高，山高遮不住太阳。诚然，你是宰相，是元帅，但这并不表示你就一定是对的。在下且问，你的十万大军在和李贞叛军作战的时候，是谁帮你们打开的城门？难道不是这些豫州城里的百姓吗？张大人你骑在高头大马上耀武扬威地走进这城门的时候，欢迎你的究竟是乱党的刀剑还是百姓的笑脸？可是你来到这豫州城里又干了些什么呢？欢迎你的人，被你视作乱党，为你打开城门的人，却被你的士兵乱刀捅死。在你的清剿之下，现在整个豫州城里，究竟还有几户人家和乱党没有关系？又有几户人家没有亲人被你抓走？你也不低头想想，如果真的有这么多乱党，李贞何至于让你轻易剿灭？你张大人又怎么能够坐在这里高枕无忧？"

"狄仁杰，你的意思，本帅剿灭叛军、清剿叛党不仅无功，倒还有罪了？"张光辅怒声发问，说话间拔出一把寒光闪闪的宝剑，往案几上一拍，"啪"的一声，甚是吓人。

狄仁杰却不为所动，不仅没有被张光辅的威势吓倒，反而上前一步道："张大人，你别吓不着狄某，倒把自己吓着了。至于你有功还是有罪的问题，那不是在下说了算的，但也不是你张大人说了就算的。你应该知道，朝廷让你来剿灭的只是李贞乱党。也就是说，乱河南者，仅李贞一人也。而你现在这样的做法，却会在整个豫州，整个河南，制造出不是一个两个而是千百个李贞。"狄仁杰的话已经很明白，你这样做，不是罪过，又是什么？

张光辅却笑了："好啊，就让他再生出一千个、一万个李贞来，你以为我这十万大军可是吃素的！老子就发愁对手少了呢，真有那么几个家伙，还不照样让我的大军砍瓜切菜般收拾了？"

话说到此，狄仁杰对这位一心贪功、不惜以虚报战绩来骗取朝廷奖赏的大元帅真是无话可说了。他现在所求的只是武则天的赦免令赶快到来。因为很明显，靠自己这张嘴看来是根本不可能把张光辅说动的了。如果没武则天的赦免令，那五千颗人头可就眼巴巴地看着要掉地下了。

当新的一天到来的时候，狄仁杰开门第一件事竟然是迎接张光辅派来的旗牌官，张光辅作为此次行刑的总监斩官，邀请狄刺史参观他的这一"壮举"。狄仁杰痛快地接受了这个邀请，因而也就轻易地坐在了张光辅的身边。等到午时三刻，张光辅把那早已排着队的五千人扫了一眼，连验明正身的"工序"都省略掉了，只一句话："时辰已到，准备！"就见几百名手执钢刀的刽子手将那明晃晃的鬼头刀举了起来，就等张大帅口中一个"开刀问斩！"立刻就会有几百颗人头落下，然后是又一个几百，再一个几百……

然而，就在此千钧一发之际，但听得晴天一声霹雳："不准动！刀下留人！本刺史有尚方宝剑在此！谁敢轻动，定斩不饶！"

众人看时，只见一口寒光森森的宝剑竟然悬在张光辅头顶。而手执宝剑的则是豫州刺史狄仁杰。

刽子手们愣住了，当然他们也只能愣着，因为这时张光辅已经再也顾不上"开刀问斩"，而要先顾着自己的性命了。

"大胆狄仁杰，你这是要干什么？难道你不知道威胁朝廷命官是要杀头的吗？而且你还敢……"张光辅想说的是"你还敢假托尚方宝剑"，可是那眼神稍稍一斜，他发现，怪了，这姓狄的家伙竟然拿着一口貌似真正的尚方宝剑。联想到前日狄仁杰和他的那一番豪气冲天的争论，张光辅心中有点底虚了。也许，狄仁杰真的从皇太后那里讨到了尚方宝剑，不然的话别的不说，就这假托尚方宝剑一条就够他死几次了。心里这么一想，嘴上就软了下来："狄大人，何必呢？有什么事不能商量着来啊？你我都是为朝廷办事，对太后负责。何必这么剑拔弩张的伤了和气呢？快快把你这尚方宝剑请走，咱们商量着来好吧。"

张光辅软了，但是狄仁杰却并不敢把那宝剑收起，而是趁势说道："张大人，你若要狄某请走宝剑不难，先下令把这些人统统先行押回牢房，听候重审发落。否则，这剑决不轻挪。"

张光辅无奈，只得挥挥手，告诉旗牌官："去去，就按狄大人所说行事。把那些人都押回去吧。"

刑场上又是一阵热闹，正当那五千人的"队伍"纷纷离开的时候，远处一阵紧张的喊声传来："刀下留人！皇太后有旨，狄仁杰接旨！"

一骑快马飞也似的到来，众人定睛看时，却是狄仁杰和张光辅都很熟悉的新任殿中侍御史魏元忠。只见魏元忠已经是浑身淌汗，连衣服都湿透了。张光辅、狄仁杰忙上前把这位新任钦差扶下马来，魏元忠站直了，随即取出黄封御旨，宣读道：

"张光辅、狄仁杰二人接旨……"

原来，武则天接到狄仁杰的密信之后，一时也是下不了决心。不管怎么说，五千人的大冤案，这件事本身已经超过了清剿"李贞余党"的范围，毕竟普天之下莫非王土，率土之滨莫非王臣。这豫州的百姓也是大唐的百姓，他们是应该受到朝廷保护，受到武则天这位神通广大的"圣母神皇"的庇佑。现在，武则天可以肯定的是，其一，狄仁杰所言不会有假，也就是说，这五千人可以断定不是李贞余党。如果真的把这些人杀了，那对朝廷、对武后自己的名声和形象损失太大。在自己企图有朝一日正式称帝的道路上决不应该允许这样的事情出现。"水能载舟，亦能覆舟"的道理早在太宗时期的武媚娘就已经很是懂得了。但是，也不能不考虑其二，那就是还应当维护张光辅这个统兵大元帅的尊严和形象，不能让这个带兵的人威风扫地，那就只有对不起那五千百姓了，死罪免了，活罪就为朝廷承受一下吧。最后，武则天还不能不考虑在张光辅和狄仁杰之间一定会出现一些不可调和的矛盾。以狄仁杰的性格，不会服软，但张光辅是带兵的人，万一耍横，狄仁杰怎么办？如此这般的一番考虑之下，武则天这才派出了在朝中颇有威望，而且与张光辅和狄仁杰都算有交情的宰相级重臣魏元忠代表自己前来处理这件事情。又考虑到害怕双方互不买账而出现僵持，还当真给了魏元忠一口刻有"神皇"标志的"尚方宝剑"，托他带给狄仁杰，以达成与张光辅的平衡和制约。而那五千百姓则一律免除死刑，改为流徙。一月后，当这些人从中原的豫州流放走到甘肃的宁州时，狄仁杰舍生忘死，假托"尚方宝剑"拯救了豫州五千百姓性命的故事已经传遍宁州，宁州人民见到这些死里逃生的异乡兄弟，就像见到自己的亲人一样亲热，宁州人和豫州人相互抱在一起，宁州人说："是我们的狄使君救了你们了啊！"豫州人说："是我们的狄使君救了我们了呀！"不仅如此，宁州人还特意为这些豫州人设斋三日，领他们到当初狄仁杰离开宁州时大家集资为狄刺史树起的功德碑前祭拜一番，被流放的五千豫州人，在曾经感受过狄仁杰恩德的宁州再一次感受到了这位"父母官"的温情与关爱，也像远征的战士在一个兵站里得到难得的喘息一样，度过了流放路上最难忘却的三天，这才与宁州人一步一回头，恋恋不舍地告别。也把他们的狄使君永远地留在了心中。

五千生灵是救下了，狄仁杰把张光辅这位当朝宰相可是彻底得罪了。尤其是狄仁杰曾经拿一把假托的"尚方宝剑"高悬于自己这个大元帅的头上，这简直是奇耻大辱。张光辅很后悔，自己当时怎么就没有看出来那宝剑是假的呢？亏你还是什么马上宰相，竟然叫这家伙骗了。这事越想越生气，本想以此而一不做，二不休，把狄仁杰好好收拾一顿，可是转念一想又不行。因为狄仁杰现在可是真的有了那个"尚方宝剑"了，一旦翻脸，弄不好怕是鸡飞蛋打，得不偿失。可是，这个仇总是要报的，张光辅想来想去，找到一个让武则天也不能不处理狄仁杰的办法，向武则天上告狄仁杰藐视长官，并且拿假的尚方宝剑威胁上司。武则天一看，这个还真是应该处罚，狄仁杰你就委屈一下吧，恰巧此时远在千里之外的复州发生了一连串的无头奇案，就连大理寺的人和洛阳城里最有名的捕快去了都没有弄出个一二三来，这事还真得狄仁杰这样一个能臣去办才好。于是，一道圣旨下来，狄仁杰即刻离开豫州，前往复州上任刺史。

神探智破"青蛇案"

武则天把狄仁杰派到复州去当刺史，虽然说都是刺史，但这个刺史就比豫州那个刺史要低上一级。对于这个所谓的"处罚"，虽然狄仁杰并不在意，但对张光辅来说这就是圣母神皇对你的安慰。毕竟是把狄仁杰这个目无宰相的家伙给弄得远远的了。在这件事情（李贞余党案）上，张光辅的所作所为无疑是令人不齿的，但是，换个角度看问题，我们就会发现其实张光辅还真不是那种特别歹毒之人，其用心也并非十分险恶。试想一下，以他当时所处的身份地位，所执行的任务而言，你狄仁杰要和我作对，好啊，找几个人告你一个与乱党勾连就让你吃不了兜着走，不是死罪也是死罪。这样的事情在当时已经开始的告密时代比比皆是，然而他并没有那么做，这就说明了他善良的一面，或许也正是因为他还不够恶毒，很快这位替武则天出了大力，建了大功，在武则天称帝事业上可谓倾尽全力的文武皆备的大宰相就成了别人诬告的牺牲品。那么，武则天为什么要把狄仁杰派到复州这个新的任所呢？因为复州这个地方现在是人言人畏，鬼谈鬼怕，偏远之地，小小的复州已经在不到三年的时间里连续"失踪"了三任刺史。连尸体都找不见，什么原因更无从谈起，连刺史大人都性命难保，你能让百姓生活得安逸？

复州三位刺史失踪的事情在朝臣中传得沸沸扬扬，说什么的都有，当然最流行的说法是那里出现了一个青蛇怪。这个青蛇怪的癖好恰恰是吃人，而且专吃男人，吃当官的男人和英俊的男人。而且这青蛇怪的吃法也别具一格，似乎是光吸男人精髓，喝男人鲜血，肉是不吃的，却又不给你留下头颅。因为人们在各种不同的场所发现的形形色色的男人尸体，没有一个是有头颅的。这个恐怖的传说与现实所造成的直接后果是这个城里的男人们要么就游走他乡，躲避去了，要么留在城里也不敢轻易出门，一到晚上更是让全城如死一般寂静。在这种情况下，你说什么抓紧生产，说什么繁荣市场，简直无异于痴人说梦。然而，也正是因为"青蛇"的出现，复州城里也有一个行当是日渐昌盛，那就是有几个据说可以除妖辟邪的和尚道士和尼姑突然间大红大紫。因为事实胜于雄辩，事实是，只要请这几位"神仙"做过法事的人家，便无一例外地躲过了"青蛇"的做害，而谁家没有请得这些神仙，那你就一定已经或将会遭到"青蛇"的光顾。当然，这样的神仙，人们请他或她的价格自然也就不菲，然而，与人们的身家性命相比较，即使两害之间，大部分人还是会有所选择的。而这也就成为复州城内不得不令人重视的另一个祸害。

狄仁杰来到这死一般的复州，州衙倒是还开着，可是显然冷冷清清，已经很久没有人来办案或有什么公干了。狄仁杰感到了事态的严重，但是他决不相信什么青蛇之怪。联想到几年前发生在江南一带被朝廷镇压下去的徐敬业叛乱，他更有理由相信，这只是一个人为的迷局。只是，这个局做得巧妙，做得大胆而已。

终于，在州衙后花园靠近围墙的一棵树下，他发现了一个值得注意的问题：与所有的树干向阳面光溜发亮，而背阳面则相对要颜色发暗色泽更深相反，这一棵差不多碗口粗的白杨体现出来的是其两面一样的光泽，而靠墙的背阳面反而更亮一些。再仔细观察，狄仁杰已经做到了心中有底，因为在一般人根本不会注意到的一个地方，这棵大树所紧靠的那看起来有七尺之高的围墙上，其上覆盖的绿色瓦面竟然有一截明显被什么东西压过的痕迹。"哼！"狄仁杰粗出一口长气，然后叫过狄虎，如此这般地吩咐一番，便把这事先搁了下来，似乎这位新来的刺史并不知道迎接他的将会是避之不及的灾难与死亡。

对于新任刺史即将面临的这种险恶境地，到底还是有人憋不住了，这天晚上，狄仁杰从衙门回到自己的住所，一推门，就发现地上有一张纸条，上面写着歪歪扭扭八个大字：紧（谨）防夜半，青蛇吸红（魂）。狄仁杰把纸条收好，细想片刻，又大声把狄虎叫来，吩咐道："现在就把州衙卫队统统叫来。本大人有话要说。"少顷，几十人的卫队集合完毕，狄仁杰把那张纸条给大家念了两遍，故意显示出一副惊慌的样子说道："你们大家从现在起可给本大人注意了，不管这张纸条所言是真是假，从今晚开始，本大人住所内外，分两道岗哨，一刻不准懈怠。如若发现有人擅自离岗，定严惩不饶。"众人诺诺，然后分班去了。

一连半月，青蛇怪没有光临州衙，也没有在整个复州城里做出任何的响动，可是人们的恐惧心理却日复一日地紧张起来，因为据说这青蛇怪已经托梦给人说是这段时间以来之所以不愿动作，乃是因为新任刺史本文曲星君下凡，曾经与青蛇有过一面之缘。又说，如果文曲星君想要青蛇再不作怪，只需给它做上七日水陆法事则百事皆安云云。这个传说自然很快就传到了"文曲星君"耳中，但这位"文曲星君"却佯作不知，一点面子也没给"昔日故旧"。终于，最先知道并真正了解"青蛇"的人物坐不住了。这一日天将傍晚，狄仁杰就要离开衙门的时候，他手下的第一要员，已经在任四年的复州司马李谅摇着一柄诸葛亮式的鹅毛扇找了过来，郑重其事地对狄仁杰道："大人，有一件事，在下思忖再三，觉得还是不能不与大人实话实说。"话虽如此，可说到此处却故意停顿一下，看到狄仁杰点头示意，这才接着又道："就是关于那个青蛇怪的事情。说来也怪，这两天人们传说中的那个青蛇托梦，原本在下也是不信的，可是昨天夜间，这个梦居然让小人也做了一遍，而且居然就和传说中的那个一模一样。您说怪也不怪！"

李谅的话，令本已有所准备的狄仁杰还是不由得"哦"了一声，眉宇间透出一丝莫名的微笑。李谅大约是看到狄仁杰笑了，自己也赶忙笑笑，一本正经道："其实大人乃文曲星下凡的事情，在下已是早就听说了的，也不信的，可这一次打死我也是不能不信了。啊，这是闲篇，关键是那个青蛇怪，你说它怎就敢找在下托梦呢？"李谅一副厘不清的姿态，可不等狄仁杰说什么，又自话自解道："后来再想，也许是这个大仙觉得在下更好和大人说话，也从心里会为大人着想，为全复州人着想，才把这个已经托给过别人多次的梦再托给在下一次吧。"

狄仁杰笑了，这一次是开心的笑，笑完双手一摊，调侃李谅道："李大人啊，你我同堂为官，一府做事，有什么话你就直说，只是，这绕了半天，狄某还真不知你所说的那个梦是什么梦呀。"

李谅略一犹豫，手中鹅毛扇摇了一摇，皱皱眉头，把那青蛇之梦原原本本说了一遍，狄仁杰也把这个听了无数次的梦又认真听了一遍，这才点点头，颇有点按捺不住地对李谅道："李大人啊，看来，这青蛇之说还真是有这么回事呢，是不？你看，否则它怎么能够一而再再而三地找人托梦呢？想来狄某的这个故人还是真给狄某面子了。都说我这位故人以前是隔三岔五就要出来做个案子的，可狄某来了一个多月了，居然一次都没做，这得多大的人情！狄某再不有所表示，怕是有点说不过去了啊！"

李谅赶紧附和："大人所言极是。神啊鬼的，只要香火供到，它们也就乖乖走人是了，以前的刺史就没有这个德行，所以青蛇不给他们托梦，现在既然青蛇认大人这个故旧，这事就好说，无非给它点儿香火，哄它走罢了。大人您吩咐，需要在下做什么，李谅愿效犬马之劳。"

狄仁杰再次大笑，伸手拍拍李谅瘦弱的肩膀，半开玩笑道："李大人啊，就你这身板，不怕青蛇缠身为难你吗？不过，你这份好心狄某是领了。你就给我做一下供奉这位青蛇大仙的方案，只是狄某有一个条件，既然这位大仙乃狄某故旧，那它就得给狄某个面子，水陆法事免了，香火钱从狄某俸禄中扣。这话，你看怎么能捎给大仙，不管做梦也好，还是烧份纸钱也罢。狄某一并拜托了。"狄仁杰边说边看着李谅，看看这位进士出身的同事兼部下倒也镇定如常，一派虔诚之势，心中不免暗自一笑，招手吩咐狄虎上茶，李谅赶紧伸手拦住："大人，免了，免了。茶就免了。"说完，转身离去。

眼看着中秋佳节将临，卫士们开始有了埋怨，因为很简单，照这个工作节奏，往年照例应有的中秋假日是贴进去了。可是，谁也没有料到，八月十三这天一大早，刺史大人就对全体卫士进行了犒赏，不仅赏了，而且宣布："中秋佳节，放假三日，一者弥补弟兄们多日辛劳，二者因为本刺史与青蛇大仙乃是故旧，日前已达成协议，大仙在本刺史执掌复州期间，决不扰民，故以此宣示我复州已经恢复到正常社会秩序。希望大家回去以后，广为传播，以安民心，以应天意。"

喜从天降，卫士们一哄而散，整个州衙一时成为"不设防"的和平圣境。而狄仁杰似乎也安然享受着他与青蛇大仙的谈判成果。

中秋佳节，复州府衙早早就关上了大门，狄仁杰闲来无事，正在后花园独自赏花，狄虎来报："司马李大人来访。"

狄仁杰让狄虎赶紧迎接李大人时，李谅已经带着一个家人挑着两大盒吃食和酒菜走了进来。李谅手指着盒中的酒菜道："大人，这大过节的，您让弟兄们都回家团圆去了，自己却一个人在此过节，在下本想请大人到舍下同饮几杯，又怕大人不肯屈就，因此命家中下厨烧了几个还算有些复州特色的菜给大人送来，再就是这酒，也是咱们复州多年的老酒，光在我那里就放了几年了，请大人尝尝，也算聊表在下寸心。"

李谅说着，眼睛一丁点不离地盯着狄仁杰。狄仁杰先是口中喃喃道："这可如何使得？这可如何使得？"忽一转念又道："也罢，难为了李大人一片好心，狄某再拒绝就是矫情了。来来来，李大人你也别走，在这里陪狄某喝上三杯可好？"

谁知一心想让别人喝酒的李谅一听说狄仁杰让他先喝三杯，赶忙摆手推辞："大人，非是在下不想喝，实是近日身体不舒服得很，也怕这大过节的把在下的病痛传给大人，那在下可就是罪过了。还是大人慢慢喝慢慢吃，李谅告辞了。"

此时一轮皓月高挂中天，应该是家家户户围坐一起，吃月饼、赏月亮的大好时光。今年的月亮特别的圆，也特别的亮，狄仁杰稳坐月下，借着月光，连灯也不用点，手里拿着一本厚厚的书正在翻着，突然，不远处一阵飒飒轻风，似乎有什么物体飘然而至，与此同时就听一个温柔且悦耳的声音伴随着款款香风飞入耳际："大人，如此风清月朗，正是……"

狄仁杰转身看时，一个体态婀娜的女子正轻移莲步，像云，像雾，像一阵风，照直向他飘了过来。只见狄仁杰忽地起身，"唰拉"一声，一柄寒光森森的宝剑跃然出鞘，月光之下更显熠熠生辉。随着这宝剑在手，狄仁杰一声断喝："妖孽，你给我站住！如果狄某没有猜错的话，你就是那个噬血无度的所谓青蛇怪无疑了！今日狄某在此，还不束手就缚？"

那女子或者说那似蛇非蛇的妖孽就地打个转儿，拔腿就跑，只听狄仁杰"哼"的一声："还不给我拿下！"就见四个带甲卫士不知从哪里冒了出来，"青蛇"正欲展"飞升"之功夺路而逃，早被狄虎一把拽了下来道："哪里走！""青蛇"不再挣扎，自己撕下面纱，众人看时，却是一个姣好女子，若以小说家的笔法，不说什么倾国倾城，至少也可说是闭月羞花。其美艳丰姿，就是标准的正人君子狄仁杰看了，也不由得倒吸一口凉气，心中暗道："怪不得三位前任要前赴后继栽倒在此女的石榴裙下了，果然是有道理的。"

狄仁杰虽这么想，但他更知道现在应该干些什么，一声吩咐："搜"，外面进来两个壮硕的夫人，三下两下便从"青蛇"身上搜出了削铁如泥之钢刀一柄，另有黄色粉末状药物两包。狄仁杰把那粉末拿来低头闻闻，脸上不由得浮现出一丝微笑。正在这时，有人来报，预先埋伏在后花园外的一队卫士押着三个蒙面汉子前来交差。

狄仁杰看看人已到得差不多了，便命那两位夫人和几个卫士把"青蛇"看好了，然后带领狄虎和其余卫士，让那三个蒙面汉子在前领路，直奔司马李谅府上而来。

此时的李谅在干什么呢？他正在与几个特殊的朋友在一边饮酒一边耐心等待胜利消息的到来。今天晚上这所有的一切，都是由他在狄仁杰的导演下圆满地"配合"完成的。当然李谅这个称职的"副导演"兼"反一号"直到此时还被那个比他更高明的"导演"完全蒙在鼓里。按照李谅预先设计的时间，这个时候"青蛇"应该已经得手，而狄仁杰如果不是在一个时辰以前便昏然入睡的话，至少也应该在"青蛇"的温柔乡里慢慢地享受这钢刀的按摩。当然，也有可能一切顺利，那么，那个软硬不吃、刀枪不入的狄仁杰现在就已经到了三个壮汉的手里，正在野外被分割成无数碎块……

门外传来了一阵杂沓的脚步声，李谅兴奋起来，酒杯在手，高高举起，对那几位朋友道："这是我们的人已经得手了。来，为我们的胜利，痛饮一杯！"

可是，就在那酒还未曾入口的这一刹那，一个家人冒冒失失地跑了进来，上气不接下气地说道："咱家院子被官军包围了！"

"什么？这怎么可能？难道？难道？"李谅一脸的不解，但是他很快就接受了这个事实。这时他才突然意识到，恰恰是这段时间自己"出彩"的表演让对手看出了破绽。而狄仁杰真不愧是一个深藏不露、老奸巨猾的对手。

李谅话音未落，一个洪亮的声音传了进来："李大人，怎么，大过节的有扰李大人的雅兴了？"随着这话音，狄仁杰一身正装出现在李谅不算大的客厅之内。

"狄……狄……狄大人，"李谅不由得结巴起来："您……您怎么？"

狄仁杰道："李大人，你的酒狄某还没有喝够啊，怎么，能给狄某送那么多的酒菜，狄某来到你府上，又赶上你正在喝酒，却不能让狄某一杯？"狄仁杰边说，边欣赏着李谅的下酒菜，接着夸赞道："不错，不错，这菜做得讲究。我看就算放在京城，也不愧为上品之宴了。"

狄仁杰越是不着边际地谈天说地，李谅就越是感到如坐针毡。但他毕竟是有些胸中韬略的，就在这一瞬间，他已想好对策，第一是死不认账。第二是丢车保帅。具体怎么做，且看你狄仁杰如何行事。可是，李谅想不到的是，他能够镇静下来，能够"忍辱负重"，但他的那几个朋友却不能让狄仁杰猫玩老鼠似的这么玩下去。这几个人，都是徐敬业举兵时的得力干将。徐敬业兵败前，才把这几个人交给李谅，希望在李谅的带领下，寻得时机，东山再起。要说这段时期以来，这几个人在李谅的悉心安排和保护下，日子过得倒也还舒服。首先是躲过了官方的大搜捕，成为徐敬业兵败后难得的"漏网之鱼"；其次是在李谅的策划之下，秘密行动，以"青蛇"之名作害于复州，造成这一地区人心惶惶，他们则趁机以对付"青蛇"之名捞取经济上的好处，并暗地里招募"死士"，以求做出更大的"事业"。最终实现徐敬业未竟之"业"。本来，一切顺风顺水，谁料到这可恶的狄仁杰一来就改变了一切，是可忍，孰不可忍也！"神仙"们终于再也憋不住了，"神仙"中的老大，也曾是徐敬业手下的勇将胡奔首先跳了出来，一把拽住狄仁杰的衣袖，"啊呀呀"一声暴喝伸手来夺狄仁杰腰间那把宝剑。与此同时，另外两个"神仙"，胡奔的把兄弟刘强和陈奋也"噌"地一下窜起老高，要将狄仁杰擒拿在手，控制起来。

在胡奔看来，狄仁杰一介文官，虽然腰间挂了一柄一看就很有些说道的好剑，但十有八九也就是个摆设，以自己的功力，还不是手到擒来？可是，他哪里知道，狄仁杰是文官不错，但我们前面已经介绍过的，狄家的武功正如其医术一样乃是世代家传。狄仁杰也从来不曾忘记有空就把手中之剑练上几下。那胡奔虽然功夫了得，可是若论白手夺刃这一招，他在狄仁杰面前还真玩不开。更何况，就在胡奔扑向狄仁杰的那一刻，狄虎和几个卫士已经哗地拥了进来，不等胡奔、刘强、陈奋三个施展手脚，便被那一干卫士给结结实实摁在了地上。这时候，原本已在脑子里想好了一大堆说辞的李谅再也没有硬撑下去的信心和意志，这个真正的主谋，不用人摁，自己就软软地瘫了下去。两只曾经是滴溜溜转个不停的眼睛也像被钉子钉住了似的木木的，散发着绝望的余光。

"青蛇案"就此告破。原来，复州司马李谅与徐敬业乃是意气相投的故交把兄弟。徐敬业起事前，是曾经联络过李谅，希望他能下扬州去助一臂之力的。李谅也想着以自己的胸中韬略，帮助老朋友打天下，以争得一份元勋之功，扬名立万，封妻荫子。可是，天不予时，正巧那一段赶上李谅一场大病，几乎送了小命。等到他的病稍好了，收拾行装，就要从这复州城不辞而别，去和老友开创一番事业的时候，噩耗传来，徐敬业的"事业"仅仅进行了四十四天就被朝廷的大军给无情粉碎了。李谅心急如焚，心里想着无论如何都要最后见一下徐敬业去，哪怕真的死了，尸体也要见一下的。就在他准备出发的前一天夜里，几个不速之客带着满身的腥风血雨来到了李谅府上。为首的就是胡奔，同来的除了刘强、陈奋等几个武艺高强的卫士之外，还有一个人就是后来名震复州的"青蛇"——貌美如花的青楼女子萧如意。

　　原本徐敬业是为他在青楼之中结识的这个红颜知己做了十分周到的打算的，一旦"革命"成功，就将公开自己与这个青楼女子的关系，纳为有名分的侧室。可是，天不假时，人算不如天算，徐敬业怎么也想不到，他的十万"大军"和他憧憬中无比辉煌的事业，在朝廷大军摧枯拉朽的打击下，仅仅维持了四十四天。当大势已去，眼看着自己朝不保夕的关键时刻，如意告诉他，她的肚子里已经怀上了他们"爱"的结晶。虽然如意表示一定要和自己一生只爱一次的这个人生死与共，但是在那个时刻清醒了一下的徐敬业却坚决不让如意一同赴死，并在他的"大军"将要进行最后一次的决死之战前把自己最信任的胡奔等几个卫士叫到身边，将一封血书交给这个在战场上已经表现出了足够"忠勇"的武夫，告诉他，一定要把如意带到自己在这次"革命"中尚未暴露的把兄弟李谅府上，让如意把孩子安全生下，其他一切，则任凭李谅安排云云。就从那一刻起，胡奔、刘强、陈奋等人和如意走上了夺命狂奔的逃亡之路。辗转流徙，风餐露宿，浴血搏杀，他们这一小队逃亡之师经历了无数的艰难，终于在一个月黑风高之夜，在整个复州城已经安然入睡的时候轻轻叩开了复州司马李谅的家门。

阴谋从此开始，复州的"青蛇"梦魇从此拉开大幕。在李谅的精心策划下，一心为"亡夫"复仇的萧如意干起了以美色诱人，伺机下毒，然后配合胡奔等人斩首抛尸的罪恶勾当。一时间，复州城内鬼气森森，人心惶惶，谣言四起。这时，胡奔等人所扮演的可以"驱妖镇鬼"的"神仙"团队又粉墨登场。在"青蛇"为害与"专镇青蛇之害"的轮回之间，复州人民遭受着双重的精神与物质重压。而更令人不寒而栗的是，这里的三任刺史竟然在三年之间先后不知所终。

本来已经抱定主意宁死也一言不发的李谅听完狄仁杰这一番连李谅自己都感到吃惊的叙述，不由得从内心里对这个几乎是完美的对手佩服起来。忍不住开始了与狄仁杰的对话："狄公，我这样叫你可以吗？"李谅话语中决无半丝的轻慢。

"如果你愿意的话，当然可以。"狄仁杰笑道，"但让我高兴的是你终于说话了。"

"是的，我不能不说，因为有一些问题，我一直想不明白，本来我以为我的计划是天衣无缝的。而且事实证明，在以前的那三任刺史手上，我李谅已经证明了自己要比他们高明不知几倍。可是你狄公一来，情况就完全变了。虽然事实上我已经做了必要的收缩和隐蔽，因为我知道你狄仁杰是不会轻易相信什么神鬼之事的。也就是说，我早知道你一定会对三任刺史之死进行严密的调查，但我不知道你究竟是怎么就在几乎不动神色的情况下把事实的真相调查清楚的。真的，我只能感叹这个世界对我李谅不公，早先我进士及第的成绩在那一榜中是相当靠前的，可是，这些年来，那些不如我李谅的都早已做到刺史侍郎了，可我还是一个可怜的从六品司马。"

"李谅，今天本官不和你谈论这个，我只问你，作为这复州城里一人之下，十万人之上的父母官，不管你有多少理由，你就不为自己残害百姓的所作所为感到羞愧吗？你不觉得自己已经把做人的良心都卖给你所谓的义愤和不满了吗？这你又做何解释？"

李谅再次感到了狄仁杰的厉害，沉思良久，默默念道："狄公，只可惜我李谅真正认识你狄公太晚了啊！现在，我认罪，也愿意把我所知道的一切都说出来。但是，我还是想知道，你狄公怎么就识破了我本来是环环紧扣的部署的呢？莫非您能掐会算？真像人们所说那样得到过袁天罡、李淳风的真传？"

狄仁杰笑道："李谅，你真想知道，我就告诉你，狄某不会什么文王八卦，也决不相信什么'青蛇'之谜，我也绝对没有想到这个事情的根源竟然就在复州府里。那么，是什么时候我才对你真正怀疑的呢？正是你所谓的'青蛇'托梦暴露了自己，也印证了之前我一系列的推断。譬如你那条'青蛇'进入府衙的路线，若非内部人能对那后花园的里里外外绝对熟悉，是根本不可能选择那样一条稍有疏忽就很难发现的'天路'的。而今天晚上你一反常态给狄某送酒送菜就更说明你已经沉不住气了，而在这样一场斗智也斗勇的角力之中，谁先沉不住气，那也就意味着谁完了。"

第四节　死里逃生　二次拜相

金蝉脱壳斗酷吏

武则天时代，尤其是其未当皇帝之前，酷吏是其最突出的标志之一，但是作为一个成熟的政治家，武则天对于酷吏的正反两面作用是了如指掌的。当她的统治日臻巩固之后，她也就开始对酷吏们先是加以控制，而后便要逐步消灭他们了。这期间，第一个倒霉蛋应该说就是刑法专家周兴。而周兴倒霉的原因正是源于诬告。因为他的好朋友左金吾将军邱神勣犯罪被审，邱为了自保，也因为酷刑难熬，就说与周兴密谋谋反。这是死罪，由谁审呢？比周兴更坏的酷吏来俊臣。而这一审就产生了一个被后人无数次使用的成语典故——请君入瓮。恰恰是自己的酷吏兄弟毫不留情地把周兴送到了审判台上，也正是来俊臣毫不客气地给他判了死刑。只是由于武则天念他曾经为自己的女皇之路做过切实的贡献，将其死罪赦免，改为流放。可是，周兴最终却没有逃过一死，因为他刚走上流放之路没多久就被仇家所杀。至于这仇家到底是哪个，没有人追问，但可以肯定的是想杀他的仇家怕是排着队的。

周兴死了，但来俊臣却还活得很滋润。而既然活着，他最大的兴趣就是陷害别人。陷害谁呢？当然也不是逮着谁害谁，来大人还是有一定原则性，一定政治敏锐性的。严格地讲，尽管狄仁杰从来不去巴结交往酷吏，但来俊臣也没有把狄仁杰当作敌人，他没有陷害狄仁杰的必要。但是来大人有一个不太好的毛病，就是好大喜功，对于那些鸡毛蒜皮的案子，他认为没有什么意思，要审要判就弄个大一点的，有轰动效应的，不图别的，图刺激。恰好，周兴死后不久，就有一个有点儿刺激的案子找上门来。这是武周如意元年（692）的事情，来俊臣的酷吏群中有一个叫作郭弘霸的兄弟，这一次的首告就是此人。那么郭弘霸告谁呢？告他曾经的老上司现在的洛阳令魏元忠。当初，魏元忠做御史中丞的时候，郭弘霸刚从县里调上来不久做监察御史，有一次，魏元忠生病，郭弘霸去看望上司，看就看吧，人之常情，可是也许是真情流露，也许是刻意巴结，郭弘霸竟然要去尝魏元忠的粪便，不仅尝了，而且十分认真地说根据他的医学理念，如果这个粪便发甜，那么这病就不会很快好的，就要下大力气来治这个病了。而现在魏元忠的粪便是苦的，这说明病很快会好，应该恭喜魏大人康复了。

　　可以想见，目睹这一切的魏元忠喜从何来？恶心还不够呢。这事儿，魏元忠是如鲠在喉，一只苍蝇下了肚，想吐吐不出，只得默不作声了。可是，好事不出门，坏事传千里。魏元忠虽然嫌恶心不愿在别人面前提起这事，但不知怎么这事还是被人们知道了，整个朝廷上下都在嘀咕郭弘霸，这一来又把个郭弘霸弄得浑身不自在。郭弘霸想你这个老魏也忒不地道了，我怎么着也是为你姓魏的好啊，你倒反过来这么损我，看我怎么收拾你个老不死的。现在机会来了，告密，我就说我知道你曾经和人说过武则天的坏话，你这是要造反，是内心里对武皇的不满。

郭弘霸一告不要紧，来俊臣觉得光告一个魏元忠太单薄了，要弄还不得给他弄个集团案件？因为你说老魏一个人谋反，那这事也太不靠谱，给他弄些个大人物一起要反，这才有说服力。于是，以魏元忠为首的谋逆集团很快已成，下面就是要把这个集团做大做强，反正往里面装人呗，装谁呢？谁官大装谁，这是酷吏们的原则。根据这个原则，刚刚被武则天任命为宰相不到一年半，事实上与这个所谓的"集团"没有任何关系的狄仁杰就很荣幸地入选了。

案件规模一弄出来就轰动了朝廷，一个完整的谋逆集团，狄仁杰、魏元忠、李嗣真、任知古、裴行本、崔宣礼、卢献，哪一个不是人望甚众的良臣表率？但现在却一下子成为罪犯，而且是要谋逆的必死之犯。

对于这个罪名，大家自然是不能接受的，于是开打，首先挨打的是魏元忠。要说起来，魏元忠的骨头还真是硬，在严刑拷打面前，即便已经被打得皮开肉绽了，嘴巴里仍旧骂声不绝，一口一个老子，一口一个混蛋。其结果当然只能是更加残忍的毒打，一连几次，直到老魏实在口中干燥，没有一点唾液了，这骂声才停止，再打，直到老头子实在顶不住，算是招了："你说什么就什么吧。老子就是反了，怎么着？老子只求给个痛快死法。别他妈折磨老子了。"这就算招了，于是不再挨打。

当然，也不是所有人都挨了打，狄仁杰就没有挨打，这也是所有进了来俊臣掌心的人中的一个奇迹。为什么？因为他抓住了来俊臣给他讲"政策"的空当，或者另外的原因就是在历史上狄仁杰还真没有与来俊臣等一干酷吏有过交集，总之是来俊臣装作一副十分客气的样子，先请狄仁杰坐下（身旁可是成套的刑具，而耳际是被拷打者撕心裂肺的惨叫声），显示出一种惋惜的口气对狄仁杰说："狄大人，你看这事怎么好说？你我素无仇怨，兄弟我也不想动粗，皇命难违呀。你看，要不咱们就不要互相难为了？"对于来俊臣来说，狄仁杰虽然官大，但在这件事情上却是个"从犯"，只要招了，那就用不着动刑了，关键是你要招，因为只有大家都招了，才能证明案子办得没有问题，才能在武皇那里邀功领赏。可是，这个狄仁杰他会招与不招呢？来俊臣心中没底。

然而，令来俊臣喜出望外的是，狄仁杰非常配合，他刚把客气话说完，狄仁杰就更加客气地回了过来，"来大人，您的意思我明白，不就是个招吗？我招，你拿写供状的纸笔给我，容狄某三思，怎么写更好，可否？"

这可太意外了，来俊臣原本想只是客气一下，他狄仁杰还能样子也不做一下就招了？这样的事情从来没有过，绝大部分的人都是一开始还会抵挡两下，哪怕做个样子，表示我是条汉子，实在打得受不住了，那再招。而这种连动刑的影子都没有就主动要招的，不说没见过，想都没想过。这也令著名酷吏来俊臣感动万分，因为狄仁杰以他的事例说明，我来俊臣也不一定就是非当什么臭名昭著的酷吏不可，我手里也有不曾动刑就办妥了的案子，而且是堂堂宰相。这事要给武皇汇报上去，也是功劳一件。这对于整个酷吏的形象那是多大的改变？！

于是，狄仁杰招了，怎么招的？请看原文："大周革命，万物维新，唐朝旧臣，甘从诛戮。反是实。"

不识几个字的来俊臣很激动，仔细看看，赶紧收起来，然后对狄仁杰说："狄大人，你先在这里养着，来某还有事先去了，您有什么要求，告诉看守，他们会告我的。"转身开溜。然而，我们只要比来俊臣这个半文盲稍微再仔细看一下这份供状，你就会发现其中大有文章。"大周革命，万物维新"，这是什么？这是反状吗？非也，是对武则天的赞颂。是一种对新朝的肯定。凭这个莫说你判狄仁杰的罪，奖赏还来不及呢。唐朝旧臣，这是事实，这个大周本来就是从大唐演变过来的，那么甘从诛戮是认罪的了。表面上看是，但理由呢？就因为是唐朝旧臣吗？武则天还是唐朝皇后和太后呢！唯一的问题是那个"反是实"，反是反了，反谁了？没有说，反对什么？没有说。仅仅因为大周维新就反，这是狄仁杰吗？显然不是，首先武则天就不会相信。换一个角度来看问题，狄仁杰之所以招，之所以写下这份供状，那真不失为一招绝地求生的妙棋。因为大家都知道，无论你主动还是被动，无论你开始怎么样，进了来俊臣的衙门，结局都一样，没有不招的。不同的是像魏元忠那样的，顶过了一轮两轮，顶不过三轮四轮，最后也是个招，而且是丝毫没有回旋余地的招，人家想写什么就是什么，而狄仁杰这样的招则是主动的，我要怎么写就怎么写，到了武皇面前（关键是你得到了她面前）那就自有说法。如果按照老百姓的俗话讲，这个就叫好汉不吃眼前亏。

　　保住了命，也挺过了这一关，狄仁杰明白，现在是要寻机逃生的时候了。因为他清楚，不管来俊臣说得多么好听，一切都是靠不住的。对于来俊臣那样的人来说，所有的许诺都可以是谎言。那么，怎样才能逃出来俊臣的魔掌呢？唯一的希望还是武则天。果然，来俊臣确实没有而且原本就不准备履行自己的诺言，在取得一干"人犯"的供状之后，他就把狄仁杰等人关入了"待日行刑"的死牢，连家人探望的权利都剥夺了。面对这样恶劣的形势，狄仁杰没有消极等死，而苍天似乎也在给他创造着机会。两个看守恰恰与狄仁杰有着一种一般人很难觉察到的关系。

什么关系呢？原来这二人都是从豫州来的。就在两年前，他们的家人俱遭张光辅的迫害被打成所谓的"李贞余党"而等着送死，是狄公狄大人以自己的前途为代价救了他们的亲人。这俩哥们正愁对狄仁杰这样的恩人，难得的"青天大老爷"无以报答，现在来到狄仁杰身边当看守，二人于是试探着问狄仁杰有什么需要帮忙的，甘愿效劳。这个情况来得突然，狄仁杰将信将疑，希望它是真的，又怕它是假的，万一要是来俊臣之流的诡计，那可就弄巧成拙了。可是万一要是真的呢？机不可失，失不再来。于是狄仁杰也试探道："狄某乃朝廷要犯，你们就不怕受牵连吗？"

二人急了，这才把当初豫州之事一五一十款款道来，当说到激动之处，两个大汉不禁热泪双流，道："我等如不能为大人这样的好官以效死力，有何颜面立于人世？"

狄仁杰终于相信了这两个忠义之士，悄悄对他们道："为今之计，要想救我只有把这件棉衣想法送到我家里去，然后换件夹袄过来。其他事情，自然有人去办。关键是这事儿不能让来俊臣等人知道，狄某拜托二位了。"说着，狄仁杰将一件并不起眼的棉衣交给二人。狄仁杰清楚，这样做，二位看守担着天大的责任，一旦被人发现，那是掉脑袋的事情。但是，两位看守不负所托，当天晚上就把这件特殊的棉衣交到了狄仁杰的大儿子狄光远手上。

狄光远收到棉衣，仔细从里到外翻了个遍，他明白，父亲在这样的时刻把这样一件衣服送了回来，一定是有大事包含其中。果然，在一处垫肩的地方，狄光远找到了狄仁杰用鲜血写就的血书一封，那信是写给皇帝武则天的，内容则是详述自己以及七位大臣是如何的忠诚，如何的冤屈，来俊臣又是如何的残忍，希望武皇亲自过问此事云云。

第二天上朝的时候，狄光远亲手将父亲的血书递了上来，武则天一看就傻了，不由得当着许多大臣问来俊臣："你不是说狄仁杰已经承认谋反了吗？怎么这突然又喊起冤来了呢？"

来俊臣暗吃一惊，但是他却装出一副十分镇定的样子回道："这怎么会呢？臣对他们可是挺好的，特别是狄仁杰，一根毫毛都没有动的，哪里有什么酷刑伺候？再说，他们要不谋反怎么会认罪呢？想是蝼蚁尚且贪生，现在想翻供了吧。"一阵轻描淡写就要把这件事给掩盖过去。

武则天还是心中有所疑惑，马上传旨，召狄仁杰等七人朝堂上见。她要亲自重审此案。

武则天要重审狄仁杰等七人"集团谋逆"案，这可是从来没有的事儿。可以确切地说，但凡进入到来俊臣的衙门，那个号称"丽景门"推事院的地方，就没有活着出来的人。狄仁杰他们显然已经在创造着历史。

朝堂之上，武则天问魏元忠、狄仁杰等："卿等不是承认谋反了吗？为何又不承认了？"

众人惶惶，狄仁杰却胸有成竹地说："陛下，臣有罪，但不是反罪，而是不应该承认那个反字。可是，如果臣等当时不承认，早就死于没完没了的拷打了。哪能活着到陛下面前来申辩是非，以求为陛下再效犬马之劳呢？"

武则天仍然有所不解："你们既然是迫不得已，那么为什么给朕上了谢死表呢？上谢死表，那是表明你们已经不希望再活着见朕了啊！"

这下狄仁杰等人可有话要说了："陛下，臣等没有上什么谢死表啊！"

问题出来了，武则天命人把那些所谓的"谢死表"拿出来让狄仁杰等看："你们说没有，这是什么？"

　　狄仁杰一看，哈哈笑道："陛下，臣的字您是认得的，仔细看，这是有人在欺瞒圣上，是欺君啊！"

　　武则天于是仔细来看，果然那谢死表上所谓狄仁杰的签字根本与狄仁杰本人的字体相去甚远，武则天不吭气了，而这时魏元忠等人也纷纷说那些谢死表的签字均是伪造。而狄仁杰更是看出了其中端倪，将这七份谢死表排成一排，对武则天道："陛下您看，这七份谢死表竟然是一个人签的字啊！"回头对来俊臣道："来大人，是谁这么耐死，要死七次啊？"

　　来俊臣面若死灰，从打武则天把这七个人叫来他就在心里一直打鼓，正在想着怎么样编个鬼话先过了朝堂这一关，然后再联络武承嗣那帮人共同对付狄仁杰等，现在一听狄仁杰这么问，由于没有准备，不禁目瞪口呆，半晌说不出话。武则天也看出了问题所在，明白这七个人其实是无罪的，于是当堂下诏，魏元忠、狄仁杰等七人无罪释放，回家待命。来俊臣呢？虽然遭了狄仁杰抢白和武则天的白眼，却没有受到任何的处罚。新的问题出来了，这七个人怎么办？官复原职还是死罪免了活罪难饶？

　　令所有人想不到的是，狄仁杰等人虽然无罪，但第二天，武则天传下的圣旨却是："贬狄仁杰为彭泽令，任知古为江夏令，裴宣礼为彝陵令，魏元忠为涪陵令，卢献为西乡令……"而裴行本、李嗣真二人则流放岭南，这算是相当重的处罚了。因为那时的岭南可不比今日，而是尚未开发的荒蛮之地，又是地方病集中爆发的区域。流放到这里的人，往往就永远也回不来了。但不管怎么说，这七个人都保住了一条活命，正可谓，"留得青山在，不怕没柴烧。"

狄仁杰被贬彭泽县

大周如意元年（692）五月，狄仁杰从洛阳城出发，前往江西彭泽县任所去上任。到达彭泽时，已近七月。按照常理，在彭泽的秋天是个收获的季节，田野里也应该是满地金黄，可是，今年的彭泽却是真正的"焦黄"。因为从清明到立秋，整个彭泽境内竟然没有下过一次稍微像样的雨，龟裂的农田里，一株株干枯的庄稼几乎就要着了火，而往日流淌的河渠早已干涸。狄仁杰到任伊始，就发现百姓家中大都已经断粮，而六万居民的吃水更成问题。目睹这一切，新任县令顾不得旅途劳顿，到任后的第三天就写下一封告"急"文书，派人带两匹快马昼夜不停往京城里赶，就像边关告急一样把彭泽正在发生的情况报告武则天。

报告数日后送达京城，这天一早，武则天正要升朝，忽报江西彭泽县有告急文书送达。这一消息首先就令武则天心里一惊：狄仁杰搞什么鬼？一个内地小县，难不成有人造反？怎么一闹事就闹到朝廷来了？武则天稍一发怔，武承嗣就看出了皇帝心中的嘀咕，马上出班奏道："陛下，狄仁杰枉为大臣多年，连这点规矩都不懂，若然所有的县都像他一样大事小事都要劳陛下操心，那岂不是要把陛下累……"说到这里，一个"死"字噎了回去，武承嗣赶紧勒住了自己一不小心脱缰的野马，顿了顿才说出两个字来："坏吗？"

武则天看到了武承嗣可笑的表情，她自己倒先笑了："你们觉得朕是那么容易累垮吗？来，朕倒要看看我那狄卿他给朕送来了什么吓人的消息。"然而，当武则天把狄仁杰的告急文书从头到尾看了一遍时，在好多人看来世上最冷酷无情的女皇眼里已经充斥着晶莹的泪光，武则天把那文书拿在手中，沉思，只是不说一句话。朝臣们，包括原先蠢蠢欲动的武承嗣、来俊臣等发现情况不妙，不知那狄仁杰使了什么魔法，竟然使武则天能够感动到落泪，也赶忙个个收敛，不再出声。朝堂上静默得连大臣们彼此之间呼吸的声音都听得清清楚楚，大家就这么静默着，等待着，等待武则天说话或者发脾气，或许就有哪个倒霉蛋会摊上一份臭骂。

然而，武则天没有发脾气，也没有骂谁，好久好久，她才把那封很有些破格的文书递给御前女秘书上官婉儿："你拿给他们看看，看看狄仁杰，看看狄仁杰是怎

彭泽人民在遗址上重修的狄公祠

么办差的。一个宰相，去做县令，无怨无悔，干什么像什么，一切以朝廷社稷和百姓为重，这才是朕的狄卿啊！"那么，这一朝堂的大臣是什么呢？皇帝不说，大家当然也不敢问。原本想以破格越权而追究狄仁杰这个小小县令责任的武承嗣、来俊臣们也才发现，敢情在武则天这里，无论狄仁杰到哪里，做什么官，其实都是皇帝的"宰相"，是那个永远不变的"狄卿"。

武则天不是只有感动没有行动的人，接到狄仁杰文书的第二天，一封加急的饬令从京城发出，着彭泽一地免除一年的全部税赋，着狄仁杰就地开仓放粮。在得到朝廷全力支持后，狄仁杰一面主持开仓放粮，一面请来四乡有代表性的老农和乡绅，会商两件事情，一件是尽快恢复生产，抓紧播种短期作物，如各种蔬菜以弥补秋粮绝收之亏空，二是开通和维修当地本应十分发达而事实上却年久失修，很难通行的水陆交通。狄仁杰亲自上阵，"公务员"全体出动，不仅带领全县百姓整修了以前凹凸不平的老路，而且开通了县城通往码头的两条大道。而在本来只能停靠小舟舢板的临江简易码头，狄仁杰又斥重金把码头改造一番，使之成为可以通行大船巨舰的重型码头。这样一来，彭泽一下子就变成了远近便利的通衢大港，而交通的发达也带来了经济的繁荣，县里的士绅百姓无不颂扬新任县令的施政有方，造福一方。

狄仁杰在彭泽县令任上干了不到三年，就被武则天调到更需要的地方再次"救火"去了。但是，有关狄仁杰在彭泽县令任上的故事却没有完。它的下篇居然是在此后的北宋仁宗宝元元年（340）北宋重臣，也是大文豪范仲淹因谏言吏治腐败得罪权臣而被贬饶州出任知州，就在他由饶州转任润州的路上，范仲淹特意绕道彭泽，专程拜访了他心仪已久的思想导师狄仁杰。

当然，作为有宋一朝无数大散文家中独树一帜的名家大蠹（我一直不理解所谓的唐宋八大家为何没有范仲淹之一席），范仲淹祭拜狄公，肯定也不会空手而归。就在这里，就在这令我们的大文豪思绪良多的地方，范仲淹彻夜难眠，挥毫写就一篇足以传诵千秋的文章，以此来祭拜狄公，激励自我及后人。这里，我们不妨欣赏一下范仲淹这篇激情洋溢，情理皆绝的《唐狄梁公碑文》：

> 天地闭，孰将辟焉？日月蚀，孰将廓焉？大厦仆，孰将起焉？神器坠，孰将举焉？岩岩乎！克当其任者，惟梁公之伟欤。
>
> 公讳仁杰，字怀英，太原人也。祖宗高烈，本传在矣。公为子，极于孝；为臣，极于忠。忠孝之外，揭如日月者，敢歌于庙中。公尝赴并州掾，过太行山，反瞻河阳，见白云孤飞，曰："吾亲在其下"，久而不能去。左右为之感动。诗有《陟岵陟屺伤》。君子于役，弗忘其亲之深。于嗟乎：孝之至也，忠之所有生乎。
>
> 公尝以同府掾当使绝域，其母老疾。公谓之曰："奈何重太夫人万里之忧！诣长史府请代行。"时长史司马方睅眦不协，感公之义，欢如平生。于嗟乎：与人交而先其忧，况君臣之际乎！

接下来，范仲淹洋洋洒洒，以数千言长文回顾了狄仁杰平生事迹之大略，在文章的最后高度评价道：

> 商有三仁，弗救其灭。汉有四皓，未于正夺。呜呼！武暴如火，

中国古文化研究和书法艺术的至宝——"三绝"之碑

李寒如灰。何心不随，何力可回？我公衰伤，拯天之亡。逆长风而孤骞，诉大川以独航。金可革，公不可革，孰为乎刚？地可动，公不可动，孰为乎方？一朝感通。群阴披攘。天子既臣而皇，天下既周而唐。七世发灵，万年垂光。噫！非天下之至诚，其孰能当？

范仲淹写下这一激情澎湃的祭文后，大约因为行程已急，或者就是觉得这碑文当由书法方面更高的大家以应对，故而当时并未写到碑上。恰恰是若干年后，同是宋人的狄公又一个崇拜者，大诗人也是大书法家的黄庭坚到此才遂了范公心愿。从此也就留下了"狄公事，范公文，黄公书"三位一体的"三绝"之碑。

第三座生祠

武则天大周万岁登丰元年（696）五月，北方边境告急。起因是本来早已归顺大唐（周）的契丹首领松漠都督李尽忠和归诚州刺史孙万荣因为不堪忍受大周的封疆大吏营州都督赵文翙的欺压与歧视，在他们的部族遭受饥荒的时候不是按照朝廷的规定给予赈灾救济，而是左克右扣，拖延不发，而且还断不了要对这些首领说一些很难听的话。最终激怒了这两个血气方刚的契丹首领，这二人又是亲戚，一商量便来个踢倒葫芦洒了油，干脆反了。而到这个时候，赵文翙的本领就不见了，慌张之间，只和李尽忠交一次手就大败而逃，自己也做了契丹人的刀下之鬼。大周在营州城（今辽宁朝阳）存放的十万担粮草轻而易举就成为契丹继续用兵的后勤保障。接到李尽忠、孙万荣造反的消息，武则天挑出了朝廷里能征善战的将领共二十八人，组成了从表面上看起来很是壮观的军事机器，紧接着，又派出了第二路接应部队，这一次是以她颇为信任的侄儿武三思为安抚大使，统兵十万组建第二道防线，以防御契丹。

当年八月二十八日，李尽忠的部队与表面强大的周军在河北与东北边界的硖石谷打了一仗。结果，在军力上居于绝对下风的契丹兵居然把兵力多于自己十多倍的周军打得落花流水。这也成为整个唐朝（包括武周）时期最为丢人的一战。

这样的战果，令武则天发热的头脑不得不冷静下来，意识到战争还真是"国之大事"。正如孙子所说："死生之地，存亡之道，不可不察也。"怎么察？她想起了一个人，这个人曾在西北边境动乱时期作为高宗皇帝的救火队长两次镇边，两次都取得了很好的效果，这个人虽然不是军人，但他能够镇得住那些武夫，能够给军队提供一个可靠的后方。还可以给那些骄兵悍将们清醒头脑。这个人就是还在江西小县彭泽当县令当得正来劲的狄仁杰。

公元 696 年秋，狄仁杰奉调魏州（今河北大名）担任刺史。狄仁杰来到魏州时，他的前任独孤思庄听说朝廷派狄仁杰来接替自己，心里反倒一阵高兴，一则，这下离开此地就名正言顺了，不用再背逃跑的骂名。二则，虽说朝廷并没有给他一个明确的去处，这样的调离事实上也就和处分差不多，可是，这位来接班的竟然是做过堂堂宰相的狄仁杰，这么一想，也就不会觉得自己不好意思，那狄仁杰是何等样人？别看他暂时不在朝堂之上，可你敢保他一年半载之后就不再去当宰相吗？到时候说起来，狄仁杰接过我的班，嘿嘿，有意思。那么，现在应该抓紧做的就只有一件事了，多给自己准备点盘缠，让几个亲信随从赶紧先用快马给自己送到洛阳城里去。只是，这件事，人少了怕不安全，人多了又怕狄仁杰知道给连锅端了。到头来弄个鸡飞蛋打一场空，反倒肥了狄仁杰。

独孤思庄正在为他的小算盘发愁，人报新任刺史狄仁杰到。独孤思庄赶忙迎出衙门，当街之上要与他心目中过去的和未来的宰相（预测精准）拜个礼节，却不想就在这衙门之前，大街之上，新刺史毫不留情，当着众多百姓和下属的面就给了前刺史一个难堪："独孤思庄，尔身为朝廷命官，镇守一方，不知安定社会、维护百姓也就罢了，怎么能够强迫百姓进城，却把田野里的庄稼弃之不管呢？如此作为，岂非不战自乱，反给契丹人留下可乘之机吗？"

独孤思庄无言以对，也无心以对。对于他来说，此时此地，只要能赶快离开，一切都无所谓了，包括原先准备好的那些金银细软，一应"盘缠"，也都留给狄仁杰去吧。但愿你好运！

事实再一次证明了武则天的英明，正是由于狄仁杰的处事不惊，安稳如山，魏州百姓也都提振了信心，安心于生产。丰收的果实虽也有一定损失，但终究抢回大半。人们有了粮，又看见军队和政府一切如常，老百姓自然就百事放心。而狄仁杰却趁此时机，抓紧整顿吏治和军务，加强了外围的敌情观察，也加固了故有的城防设施。一切都处在一个外松内紧的状态之下。当然，魏州的老百姓体会到的是安稳，而李尽忠的暗探们观察到的却是一种质的变化，此地已经由一个豆腐城池变作金城汤池。李尽忠、孙万荣企图袭扰魏州，从而震动洛阳的冒险计划几经斟酌最后选择了放弃。

武周万岁通天二年（697）三月，武则天命大周名将娄师德和王孝杰为将，拜娄师德为凤阁侍郎同平章事（宰相），封王孝杰为清边道总管、苏宏晖为副总管，领兵十七万再次攻打契丹。这时李尽忠已经病死，而孙万荣则面临前所未有的困境。因为大周收买了原先与契丹合作的突厥默啜可汗，默啜可汗攻击了孙万荣的老巢，使他陷入了前后被夹的境地。但是，孙万荣和其部将李楷固、骆务整等人决心一战，而战争的经过证明这几个人都是和李尽忠一样具有才能的军事家。

王孝杰这个名字对于熟悉唐与周这段历史的人们尤其是军迷们来说并不陌生。王孝杰早年即是唐军名将，忠勇智皆备，而不是我们看到的什么21世纪涌现出来的那些以狄仁杰故事为背景的影视作品中那个狂妄、自负、脾气暴戾的莽夫。长寿元年（692），王孝杰为武威道总管，大破吐蕃，接连收复被占已久的龟兹、于阗、疏勒、碎叶四镇，并于龟兹设安西都护府，以唐军三万长期镇守。这也是贞观以来第一次大唐的版图牢牢地把这广阔的西域地带收拢在自己的怀抱里。不幸的是，公元695年，王孝杰任朔方道行军总管再征吐蕃却遭到了失利，被削职处分。所以，这一次，当武则天再次对其委以重用，领兵征讨契丹时，这位老将军就不免有些急于建功，顾不得娄师德大军未到，先行一步与孙万荣、李楷固战与东碛石谷。在契丹军引兵后撤时，王孝杰穷追不舍（犯了兵家大忌，而本来他应该十分明白的），当追到一处狭窄地段时，李楷固等故伎重演，王孝杰力战而终于血洒疆场，为国捐躯。

王孝杰兵败战死，对后续的周军影响不能说不大。娄师德审时度势，先稳住阵脚，收容王孝杰所部的残兵败将。然后驻扎下来，等待战机。一时，双方形成僵持状态。

就在王孝杰与契丹大战身亡的同时，武则天本来已经派出她的武家嫡系宗亲侄子武懿宗为大总管，率兵二十万前去增援娄师德等已经在前线的部队。然而，武则天哪里知道，这位大元帅带领二十万大军刚走到河北赵州，离前线还远着呢，听说契丹骁将骆务整的三千骑兵快到冀州了，这位统帅第一反应居然是掉头逃跑。所幸手下有些个稍有胆识的拼死拼活拦住他，然后对这位统帅说："契丹人的优势是轻骑疾进，但也有他的缺点就是平时打仗不带给养。这就决定了他们不能在一个地方久留。如果契丹真的来了，将军您只要坚守一座城池，等他们补给消耗光了，必然撤军。到时，我们只要在后面一追，这功劳就是将军您的了。"按说，这应该对于武懿宗这样的人来说已经是万全之策了，可是武懿宗还是害怕，居然坚持撤退，一退退到相州，也就是如今的河南安阳。他这一跑不要紧，沿途部队丢失的辎重器械堆积如山，也直接导致了赵州的失守，更给百姓带来了无尽的苦难。真正打败契丹，消灭这股叛乱势力的，说来又是一段故事，一是因为前方娄师德等人的不懈努力，二是由于突厥人趁机抄了契丹的后路。使其彻底失去了后方，在周军与突厥的两面夹击下，契丹军队全线崩溃，孙万荣被其家奴趁乱杀死，将首级献于周军帐下，以图一份功劳。

　　要说，国家和军队打了胜仗，老百姓该高兴才对。可是面对残破的家园，那份高兴却怎么也挂不到百姓脸上。在黄河以北广大的地区，只有魏州是个例外。由于狄仁杰勤政爱民，战争期间，魏州不仅保持了安宁，而且发展了生产，繁荣了经济，与周边各州县相比，简直就是另外一个世界。武则天当然了解这一切，也十分欣慰这位老臣不屈不挠，兢兢业业为朝廷办大事的精神和其所建的功业。在对契丹的战争取得决定性胜利后，武则天决定再给狄仁杰一件做起来很容易，但做好了又很难的工作，干什么呢？派他去慰劳和安抚河北战区人民，对他们因战争所遭受的损失做出适当的补偿，安定他们动乱的人心和纷扰的社情。这个新职务的名称叫作"河北道安抚大使"同时担任这个职务的还有这次战争的两个统帅，一个是前军主将娄师德（已任宰相），一个是草包将军武懿宗。三个人分三个方向巡视和安抚整个河北一省之人民。

听说狄刺史要走，在短短时间内已经建立起对这位刺史无限信任和鱼水情感的魏州人民和狄仁杰曾经担任过地方官的宁州、彭泽人民一样，对刺史大人表现出难以割舍的深情，一送再送，十里相送，而在狄仁杰走后，魏州人又像宁州和彭泽人一样集资为他们心中这位最好的刺史建起了一座生祠。

狄仁杰再次拜相

应该说，武则天之所以选择狄仁杰、娄师德和武懿宗这三个人担任她的"特命全权大使""代天行事"，也是有她的道理的。娄师德，当朝宰相，功臣元帅，当然应该是可以代表朝廷说话的。狄仁杰，虽然仅为一州刺史，但这位可曾经是宰相，而且他的大名天下谁人不知？老百姓见到这样的清官，自然就像见到真理一样，那还不是一个信任？用他当皇帝的代表武则天应该是最放心的。至于另外一个武懿宗，要说起来，这个人的笑话那是不少，就在这次对契丹的战争回来后，武则天举行庆功宴，武懿宗也参加了。就在宴会之上，大臣张元一因实在看不惯武懿宗那份小人得志的嘴脸，即席赋诗一首："长弓短度箭，蜀马临阶蹁。去贼七百里，隈墙独自战。甲仗纵抛弃，骑猪向南窜。"

这诗是极具讽刺意味的。"长弓短度箭，蜀马临阶蹁。"川中之马是那样的矮小，这位将军还必须借助一个高一点的台阶才能上得去，其"威武"之势可想而知。最为辛辣的是这一句："甲仗纵抛弃，骑猪向南窜。"也不知伟大的女皇武则天是真的没有理解，还是有意出一下这位侄儿的丑（她老人家可不管你是谁），以为宴会添趣，反正她是当时就指着这一句问诗人了："张爱卿，朕且问你，咱们的武大将军不是有蜀马吗？为什么要骑猪而走呢？"

这个问题是极具轰动效应的，整个宴会上的人们不管对这诗理解的不理解的，都在等着张元一的回答。张元一道："陛下，不是说没有马，骑猪者，乃夹豕而走也。"此言一出，包括武则天在内，众人哄堂大笑。因为当时猪与豕同义，夹猪走，是说武懿宗夹着屎逃跑的。就是这样一位实在不够丢人现眼的"统帅"，只因为他是武家的侄儿，而且不管怎么说，这仗毕竟是胜了，因此武则天就让武懿宗和狄仁杰、娄师德一样去担任一方安抚大使。那么安抚大使的具体工作是什么呢？说起来那可谓事无巨细，皆可包罗。从军队的整顿，地方的治安，吏治的调整，到百姓的生活，灾民的救济，等等，这个安抚大使要当好那是相当要水平也要下大力气的。再有一条，既然是三个人都在河北，那就有一个分工的问题。最扎眼的当然是刚刚结束战争的冀东地区，与辽西接壤的那一部分，这其中有一个因素就是孙万荣虽然战败了，但是他手下还有两个特别能征善战的大将，一个叫李楷固，一个叫骆务整，两人据守地方，坚持不降。而之所以不降的原因是因为这两个人太能打了，当时参加了这一场战争的大周将军，几乎转着圈地全在他二人手下吃过败仗。所以，军中有一股呼声就是谁都可以降，唯独李楷固、骆务整不能降。而武懿宗则一听到这两个人的名字就浑身哆嗦，哪里还敢安抚这样的人去？娄师德呢？别的好说，唯独李楷固是杀还是降的问题和狄仁杰有所不同。其实也好理解，毕竟老娄的许多兄弟丧生在这两个人手下了。于是，三人商定，由没有与李楷固打过交道的狄仁杰到与辽西接壤的这一块地方去，也就是说，把最艰苦，也最危险，还最破坏严重的这块地方分给狄仁杰，让他去应付那一系列想想都头疼的事情。

作为安抚大使，狄仁杰所分到的地区最为艰苦，但是也最具有挑战性。且不说狄仁杰对自己的百姓是一如既往地关怀和爱护，把朝廷的钱尽可能地用在帮助灾民重建家园、恢复生产上来，对于那些前来投降的契丹人也一视同仁，妥善安排他们的生产生活，使他们感受到大周的温暖。当然，在所有这些事务中，最为困难的还是对李楷固、骆务整两员战将的招抚问题。为了表示诚意，狄仁杰赤手空拳前往李楷固大营，劝说其放下武器，回归朝廷，并保证他本人和部下的安全。李楷固、骆务整两人一是敬佩狄仁杰的人品，因为他们早就听说过大周朝有这样一个最好的清官，相信他不会骗人；二是确实已到山穷水尽的地步，为了手下上万名男女老少，也不能不选择放下武器。然后静听狄仁杰向朝廷汇报的回音。

狄仁杰连夜写好奏章，向武则天上书道："李楷固等二人骁勇绝伦，能尽力于所事，必能尽力于我。若抚之以德，皆为我用矣。"

武则天本来是对这两个人恨透了，因为她知道这两个人杀了很多大周将领，而且一开始的时候还死不投降。所以她的意思就是要将这两人满门抄斩，连根斩断。朝中绝大多数人的意见也基本如此。可是现在一看狄仁杰的奏章，又觉得还是狄仁杰说得对，这样两个人，对于任何一支军队都是重要的，战争时期，各为其主，他们本来并没有错。难道身为大将，畏缩不前就对了？这么一想，武则天手中那支笔就在狄仁杰的奏章上打了个对勾，算是批准了李楷固和骆务整的投降。

　　武则天以为，这下自己已经是够宽大的了，朝中有人还对此颇有异议的，可是，圣旨下到狄仁杰那里却又被狄仁杰给退了回来。因为狄仁杰说："臣要圣上批准这两个人归降，不是让他们当普通人的，而是让他们为国家建立功勋的。您怎么能让他们当一介平民呢？所以，臣希望能给这两个人以相当的官阶，以使他们体察朝廷的宽仁之心。从此为国效劳。"这样的要求，一般人看来是有点过分了，但武则天却从中看到了狄仁杰一片赤诚之心，于是在武承嗣等人的一片反对声中坚持批准李楷固为左玉铃卫将军，骆务整为右武威将军。这样的规格，不说别人，就连李、骆二人做梦都没有梦到过。一时感动，无言以对。然而，感动完后，李楷固与骆务整提出，愿为国家建一件大功，干什么去呢？去说服那些尚未归顺朝廷的契丹余党（事实上这些人一直是朝廷的心腹大患）。狄仁杰欣喜异常，赶忙报告武则天。有人担心，一旦这两人趁机与契丹余党合在一起，反过来再行攻击朝廷该当如何？武则天则指示，一切皆由狄仁杰安排。事实是，李楷固、骆务整以身说法，很快就使那些剩余的契丹兵马放心地投奔了大周。这其中有一件事一个人又必须提起，那就是这次李楷固去招降的人中间有一个名头不在他之下的，那就是他的女婿李楷洛，而这个李楷洛不是别人，正是六十年后天宝年间与郭子仪一道平定安史之乱，拯救了大唐帝国的著名军事统帅李光弼的父亲。也就是说，狄仁杰在有意无意之间，为六十年后大唐的恢复留下了一笔宝贵的财富。其功业绵长，非一代可言。

　　狄仁杰在办完李楷固等受降之事回到洛阳后，武则天立即任命狄仁

碑上所刻文字为武则天对狄仁杰的评价

杰为鸾台侍郎，同凤阁鸾台平章事，第二次出任宰相。而在其第二次正式拜相之前，武则天为狄仁杰成功招安李楷固、骆务整和李楷洛举行盛大的庆功宴，加封李楷固为燕国公，赐姓武，并且当着众公卿的面赞扬说："此次能够成功招安三位将军，为国家增添三个优秀的将领，这全是狄卿你一个人的功劳啊！"

可以说，事实确实如此，武则天所言不假，但是狄仁杰哪里敢受这样的荣誉？所以赶紧申明："此乃陛下威灵，将帅尽力，臣何功之有？"

然而，狄仁杰越是这样恭谦，武则天就越是喜欢这个百折不挠、无怨无悔的重臣，实在没有什么可奖励的，就当堂赐予锦袍一件，当然这可不是普通的袍子，而是武则天亲自绣了字的袍子，那袍子上面所绣十二个字乃是："敷政术，守清勤，升显位，励相臣"这也说明，武则天在开始绣这些字的时候就已经决定为狄仁杰二次拜相了。

第五节　一身正气　安邦国老

　　狄仁杰二次拜相和他第一次做宰相时候国家的政治形势相比较已经发生了微妙的变化。在之前，如何稳定天下，维持和巩固武则天的帝位是主要矛盾。而现在，狄仁杰认为在武则天的帝位已经得到巩固的情况下，接班人的问题就上升为主要矛盾。我们从一系列的史料中可以看出，狄仁杰对武则天这个人，这个开天辟地唯一的女皇是认可的、忠诚的，在一开始的时候，他也并没有刻意地去为李唐皇朝的兴亡去做更多的考虑，但是，事实教育了他，头脑中根深蒂固的儒家正统思想也在启发着他，那就是这个天下说到底还应该是回归到李唐皇朝去的。而武则天在一段时间内所重用的武氏子孙的不争气则是狄仁杰这种思想形成的重要因素之一，甚至是最重要的因素。

　　狄仁杰知道，反对以武承嗣为代表的武氏子弟做接班人将会得罪整个武氏群小，但是，狄仁杰更明白，如果不能阻止武则天最终安排诸武当中的任何一个接班，那么留给这个国家的将是一笔政治大劫难。因为这些年来，尤其是狄仁杰自己的首次宰相任期被诬告受贬和河北巡抚的经历使他深刻地认识到了这些政治暴发户的荒淫与无能、腐败与野蛮，如果把国家交到这样一些人手里，那无异于对国家、对人民、对祖宗八代的犯罪。人常说，不在其位，不谋其政，现在你狄仁杰恰好处在可以影响武则天这个最终"裁判者"的位置，你就一定要谋好这个"政"、把好这个关，而不能任水东流，更不能计较个人得失。唯此，才不负于你的良心秉性，才不负于曾经培养了你的那一系列的大唐名臣宰相，才不负于对你寄托着希望和信任的同乡君主女皇武则天。因为，你的任何一个举动都是在为她的政治遗产来负责的。

我们不可能更多地知道狄仁杰在规劝武则天放弃武承嗣以及诸武子孙，招回庐陵王的过程中做了多么精心的设计与谋划，但是，仅凭现存的史料已经足以证实，正是狄仁杰才使女皇在她始终犹豫不定的接班人选择中做出了有利于李唐的决定。其前提条件是，武则天本来就是犹豫不定的。但狄仁杰的策略之高明，手段之独特无疑也是有着决定因素的。因为，在他之前，曾经尝试做这一件事情的人多了去了，但无一不以失败而且是惨痛的失败告终。

要说狄仁杰对武氏兄弟的印象，从上一次被来俊臣、武承嗣联合诬告以至虽然逃过一死却被贬数年的经历中已经有了深刻的认识。这些家伙，首先是心术不正，其次才是无能无德，要把国家交到这样的人手上，那对于先祖、对于后人来说简直无异于犯罪。而据好友娄师德所讲，在不久前与契丹的战争中，更有一幕令人震惊，契丹人李尽忠居然命令部下打出了一面足以震慑大周军队的旗帜"何不归我庐陵王！"不要小看这个旗号，当下就使一些周军将领和士兵不忍泪下。也使娄师德这样能够识破对方用心的将领不得不把部下先收紧了，再考虑和对方开战的问题。因为很明显，这个口号一出，立马就把民族矛盾转化为全体唐室臣民与武则天个人的矛盾。也就给大周的将领们提出了一个问题：你是站在哪一边的？而这个口号的背后则是民心所向，就是说，天下虽然改国号为大周了，但它的骨子里还是大唐未变。从来就没有变！

巧妙攻心武则天

狄仁杰二次拜相，一开始就感受到了在武则天改还是不改皇嗣问题上的形势错综复杂，十分微妙。他不能不客观地分析，在所有可能的接班人中间，谁更合适？李旦，他是现任太子，但这个人简直就没有任何的政治欲望，如果不是他的软弱和毫无原则的退让，武则天也未必就敢走出公然称帝的这一步，也就没有了由此带来的一系列问题。同样，作为太子，如果他能够为武则天分忧，能够有一个太子的担当，那武承嗣等人也就未必敢如此咄咄逼人。李旦不行，那就只有李显，曾经的唐中宗，现在的庐陵王。李显的毛病是比较轻率，做事往往不过脑子，考虑问题简单化，但是这个人有着自己身为大唐子孙的责任心，被贬房州这些年，也吃尽了苦头，对于他个人来说，这是坏事，但是对于一个成熟的皇帝或储君来说，却是好事，是一段难得的经历。经过了这么艰苦的磨难和考验，这位曾经的皇帝应该成熟了吧！还有一个因素也是必须考虑的，契丹人为什么要打出庐陵王的旗号（而不是其他）？同样，徐敬业叛乱的时候，他所打的旗号也是"匡扶庐陵王"。这就说明，至少在广大的普通百姓心中，庐陵王这个当了几天就被废掉的皇帝还是有相当市场的，人们对于他更多的是有着一种对于弱者、被人欺负者的同情心。

从唐太宗到唐高宗一以贯之的李唐皇朝在百姓心中的那些恩德是集中地体现在他一个人身上了。因此，要在皇嗣问题上做文章，一要坚决制止武承嗣的皇嗣梦，二要让武则天把皇嗣的重心回归到李显这个焦点人物身上来。

在基本的策略确定以后，狄仁杰开始了自己的行动。首先是心理上的。有一天，武则天做了一个梦，对于做梦，武则天是很有些相信的。在梦中，武则天看见一只鹦鹉飞不起来了，原因是翅膀折了。这个梦象征着什么呢？武则天相信梦中一定是有所暗指的。因此醒来后一直都忐忑不安，第二天朝堂之上就问群臣，这个梦是什么意思啊？谁能帮我解一下呢？

狄仁杰当仁不让，一步抢前便道："陛下，鹦鹉就是您啊！连武字都带出来了，这是多么强烈的暗示。翅膀就是您的两个儿子。可现在只有一个在您的身旁，意思就是说如果您把庐陵王也召回来，两个翅膀才能齐全。陛下，这是神灵在昭示于您啊。"你看狄仁杰把这梦解析的，绝对让弗洛伊德甘拜下风，可也把同列朝堂的武承嗣、武三思给气得鼻子都歪了。当然其他心系李唐的大臣是暗自高兴，暗自开心，暗自为他们有了新的主心骨而握紧了拳头。这武则天呢，也觉得狄仁杰说得有道理，因为她现在就相信狄仁杰。武承嗣则在为自己当初和来俊臣没有把狄仁杰给彻底弄死而后悔万分。

又有一次，武则天梦见和人下双陆棋（最初是流行于并州一带，而后在武则天时期流行于全国的一种棋类游戏，由两个人下，双方各有十多子，轮流掷骰子，按照点数移动棋子，先把棋子移动到自己大本营者为胜，所以武则天和狄仁杰应是此中老手），梦中原本为高手的武则天却总是无法取胜。武则天觉得这个无法理解，自己为什么就总是无法取胜呢？结果她把这个梦和狄仁杰说了，狄仁杰当下就说："陛下，这个您应该一下子就想到的啊。双陆不胜，那是因为宫中无子，这是上天在昭示于您，不能够长久地让储君的位子空置啊！也就是要您赶快把储君接回来呢，庐陵王就是你的子啊。"

　　狄仁杰上次说梦，基本就使武则天打消了立武承嗣的念头，起码是不那么着急把武承嗣推上台前。但也招致诸武兄弟的激烈反对，一个劲劝武则天不能什么事都听狄仁杰的，弄得武则天心情很不好了几天。现在狄仁杰又一次把梦扯到庐陵王身上，武则天觉察到了狄仁杰的用心所在，于是不高兴地说："你这个狄卿啊，不要再和朕说庐陵王这个事了。朕让你说梦，你说梦就好了。干吗总要和那件事扯在一起呢？立嗣那是朕的家事，朕自有主张，卿就不要干预了。"这个时候，武则天一定是在武承嗣等人的围攻下对这个问题有点烦了，还有一点那就是一定想起了当年她为了能够当皇后百般求人不逮，最后还是徐敬业的爷爷李勣帮她一把的故事。当时，为人圆滑的李勣就说了一句话"此乃陛下家事"，一下子点醒了梦中人武则天和唐高宗，根本不管你大臣们多么反对，无所顾忌地把武则天立为皇后。为这事，武则天曾经感谢了李勣好一阵子，现在一看狄仁杰在立嗣的问题上穷追不舍，干脆也拿出了这个她认为一定灵光的杀手锏，企图把狄仁杰挡回去，让这个多管闲事的老朋友无话可说。可是，狄仁杰又岂是能够轻易屈服的，再说武则天这招也早在他预料之中，于是从容应道："臣闻王者以天下为家，四海之内，悉为臣妾，何者不为陛下家事。君为元首，臣为股肱，臣安得不预焉。"这段话原出自三国时吴国大臣诸葛恪《谏齐王孙奋笺》，诸葛恪，乃诸葛瑾之子，诸葛亮之侄，是东吴后期的名将。狄仁杰当年是考明经出身的。古之典籍，用起来可谓游刃有余，现在拿过来就是现成的一个比喻。什么意思呢？这天下是您的天下，可也是天下人之天下，所以您的事就是天下的事，国事也就是您的家事，君主是国家的头脑，臣子就是您的四肢，作为大臣，国家大事怎么能不管呢？

武则天被狄仁杰再次说得无言以对，或者说再次被狄仁杰的一颗赤心所感动，摇摇头，笑了，什么也不说。但是，狄仁杰知道真正要使武则天改变她的老主意，光讲故事不行，还得从道理上说服她。怎么说呢？狄仁杰的切入点还是选择在一贯迷信的武则天最为关心的宗庙祭祀上。"大帝以二子托陛下，陛下今乃欲移之他族，无乃非天意乎！且姑侄之与母子孰亲？陛下立子，则千秋万岁后，配食太庙，承继无穷；立侄，则未闻侄为天子而祔姑于庙者也。"这里，大帝就是高宗，高宗把两个儿子托付给您这个做妈的，您却想立他人为太子，这不是违背天意吗？姑侄之情又怎么能够和母子之亲相提并论呢？更关键的是，立儿子，您可以千秋万代有人在太庙里给您祭祀，如果立侄儿呢？哪里听说过把姑姑留在太庙里享受祭祀的？

正是由于狄仁杰的锲而不舍，也由于天下人心所向，武则天终于下定决心，要把她的儿子庐陵王李显接到自己身边了。

太子复位慰天下

大周圣历二年（699）三月九日，庐陵王李显终于结束了多年的禁锢，带领一大家子十几口人，组成一个不小的车队，开始了从房州到洛阳的行程。这一程，足足走了二十天，于三月二十八日到达神都洛阳。

武则天下令把庐陵王接回洛阳的事情是在秘密状态下进行的。在接回来的时间上，武则天出于谨慎，没有告诉任何人，但是，三月二十九日这天，她却故意招狄仁杰来议事，议什么事呢？武则天不说，专门等着狄仁杰说，狄仁杰并不知道武则天已经把庐陵王接了回来，所以说别的事说着说着就转到庐陵王身上了。

这一下把个武则天乐得哈哈大笑，笑得狄仁杰不知所措，以为皇帝怎么了。正在慌张，武则天笑够了，从一道隔着的帘子后面一把将庐陵王拽出来，送到狄仁杰面前道："狄卿啊，你不是天天念叨你的庐陵王吗？来，还卿储君！"注意，武则天说的是"还卿储君"四个字，两层明确的意思：一、从现在起，储君的问题解决了，就是曾经的中宗帝李显。二、这个储君是还给你狄仁杰的，我把他交给你了。你要好好帮助这个储君的。

当庐陵王一下子出现在面前的时候，狄仁杰不能不激动，不能不感恩。但是，已经老练到成精的狄仁杰马上对武则天说出了一个看似平常，实则非常重要的问题："太子还宫，人无知者，物议安审是非？"意思是说，太子回宫这么大的事，您不能悄没声的就这么接回来啊，应该大张旗鼓地告诉天下臣民，让大家一起分享这件重大喜事。那么，这话的背后是什么含义呢？想一想，只要明天皇帝举行正式仪式把太子迎回来了，那也就意味着诸武的储君梦、皇帝梦彻底破灭了。

武则天呢？她不需要考虑那么多，再说，太子回朝，母子团聚，这喜事本就应该好好庆祝的啊！于是，武则天按照狄仁杰的建议，让庐陵王当晚重新出城，住在皇家专用宾馆龙门客栈，并派重兵护卫，以防不测。第二天一大早，先派皇帝的专用仪仗队吹吹打打，旌旗招展地出城迎接庐陵王回城，然后再由武则天在皇宫里亲自主持举行一场盛大的欢迎仪式，正式向天下宣告：庐陵王回来了。储君位置上将有一位新的主人了。

关于狄仁杰拥立李显，从而使得李唐天下后继有人这一历史功绩，同是唐人，但比狄仁杰要晚了半个多世纪，因而也就更能体会狄仁杰给大唐带来的利益和福祉的诗人杜甫有诗赞曰：

> 狄公执政在末年，浊河终不污清济。
> 国嗣初将付诸武，公独廷诤守丹陛。
> 禁中决册请房陵，前朝长老皆流涕。
> 太宗社稷一朝正，汉官威仪重昭洗。

立嗣李显，让曾经的唐中宗再次成为太子，了却了武则天心头一件闹心了许久的心事，也使武氏兄弟空前的不高兴。武承嗣一气之下得了病，是心病，任你再高明的大夫也没法看好的病。这一病就再也没有好得过来，竟然在半年之后就死了。大夫给是结论是"抑郁而终"，而《旧唐书》说是"以不得立太子，怏怏而卒。"意思是一样的。

武承嗣死了，狄仁杰眼中最危险的政治对手以壮年之躯而退出了他眷恋的战场，这让狄仁杰多少松了一口气，事实上，在武承嗣眼中最危险的对手也恰恰是狄仁杰，否则的话，当初来俊臣构陷魏元忠就不可能硬把毫无关系的狄仁杰拉进去。对于这个对手的死，狄仁杰不管心里再怎么庆幸，表面上是不能幸灾乐祸的。因为他知道，在武则天心中，无论自家的儿子还是娘家的侄儿，她是没有一个舍得抛弃的，不然的话也就不存在立嗣问题上这么多年以来的犹豫不决和举棋不定了。武承嗣死了，武则天照样很悲伤，她不是不知道这个最"优秀"侄儿的死因，所以她需要做出一个样子来给武家的子侄们看，让他们感到做皇帝的姑姑可没有忘记你们，你们还是这个武姓皇朝的真正嫡系。为此，武则天做了两件事，一是给武承嗣以厚葬，赠太尉，并州牧，谥曰宣。二是任命武三思为检校内史，同时任命狄仁杰为兼纳言。也就是将这两个完全不相容的对头任命为宰相班子里的一二把手。以狄仁杰为首席宰相，但同时平衡两种力量的存在。这当然是帝王们惯用的伎俩，但对于武则天来说，似乎也是不得已的选择。狄仁杰清楚，武三思并不比武承嗣更好对付，此人不仅有着武承嗣一样的野心，而且有着比武承嗣更加阴毒的手腕。武则天的本意也许是要两派和平共处，但在狄仁杰和武三思的心里，却从这个时候起就把各自的第一对手牢牢地标刻在对方身上。

狄仁杰和武则天都清楚，庐陵王成为太子，这是对天下百姓的一种慰藉，也是对天下人感恩大唐皇恩和威德的回应。但是，如果能做成一两件真正让这个"窝囊"的太子为国家建功立业的事情，那就再好不过了。还好，这一次天遂人愿，狄仁杰正这么想着，突厥人来进犯了，这就给太子提供了一个难得的机会。试想一下，太子挂帅出征，而且打了胜仗，那是多么露脸的事情，又是多么可以大书特书的功绩！而事实也正是按照狄仁杰的预想来发展的。因为，当突厥进犯的时候，前线的将领本来是那个挂着大将军衔的草包武懿宗，兵来将挡，突厥进犯，你迎战就是了。突厥最早的意图其实也只是试探性的，所派兵员不过三千，战马不过千五，但武懿宗习惯性地向朝廷夸大敌情，将敌人谎报为十万，马匹夸大为五万，这就使朝廷在应对策略上出现了误差，而武懿宗自己是不敢和敌人一战的，只让部下虚晃一枪就打马回撤，算是交了差。然后就任由突厥人在边境地区肆意抢掠，无恶不作，而武懿宗自己坐拥十万大军却避而不战。在朝廷一再催促下，武懿宗又出新招，要求竖起募兵旗来招兵买马，其实是要从中捞点儿油水。可是，令武懿宗恼火，也令朝廷颇为尴尬的是，这招军旗竖起来了却就是没有人来报名。整整一个月下来，总共报名的人也就寥寥三五百人而已，还没有报名处的工作人员多。武懿宗灰头土脸，向武则天报告说现在人们都享受惯了，没有人愿意为国家打仗。所以，希望朝廷给他多些钱粮，或许能让士兵们有点动力。

　　狄仁杰一看武懿宗打退堂鼓了，自己这边赶紧鼓励太子李显，陈述挂帅出征的意义有多么重大，让李显明白，要想当一个真正的皇帝，国家有战事时能够御驾亲征是多么的必要。为了说清这个道理，狄仁杰从太宗皇帝讲起，太原起兵、平定中原、取代大隋，哪一回没有秦王李世民的铁骑英姿？再到唐高宗，东征高丽、西讨吐蕃，好多次都做出了御驾亲征的姿态，以此激励将士们奋勇杀敌。李显呢？这位太子爷听了半天只一句话："狄大人，你的意思我明白，你去我就去。"这可给狄仁杰出了个不大不小的难题。倒不是狄仁杰不敢挂帅，也不是当时没有文官挂帅的先例。别的不说，想当初李敬玄就被刘仁轨逼着挂了一回帅，可惜打了个大败仗。但成功的例子也有，娄师德就是文人挂帅的标范。而且在狄仁杰的人生宦海中，虽然没有挂过帅，但是他曾经多次作为二线的总指挥，作为后勤保障和前进基地的司令员出色地完成了自己所应负担和不应负担的保障任务，每一次都受到了前线将帅的高度赞扬和感谢。所以说,就狄仁杰本身来说,他愿意助太子一臂之力,成就太子的一件军功。可是,一个无可回避的问题是,这时狄仁杰已经年近七十,而且由于多次替武则天担当别人难以胜任的特别"救火队长"而使身体超负荷运转,现在他的健康状况已经大不如前了。所以,当武则天听说太子要求和狄仁杰一起出征时,武则天赶紧把两个人找来,当面批评太子不应该让狄公担当这本该年轻人担当的重任。然而,狄仁杰却说:"陛下,太子说得有理。这些年来,太子远居房州,对朝中大臣和契丹事了解甚少,他能够主动(这是狄仁杰强加给太子的,但对太子、狄仁杰和武则天三者来说兼是最佳托词)要求挂帅出征,已属不易,这体现了太子的胆略,但太子毕竟从来没有这样的经历,太子希望老臣帮他一把,这是对老臣的信任,狄仁杰怎敢推辞,又怎能推辞呢?至于我的身体,陛下放心,它就这样,一旦前方有事,立马就好的。"狄仁杰说得轻松,武则天听了可心情别样沉重,看这眼前这个虽然年龄比自己小几岁,可看上去却显然要比自己大许多的老宰相,自己最信任的主心骨,女皇眼中不由得涌上几滴晶莹的泪花,这样能够让铁血女子武则天感动到要流泪的情况,已经多年没有出现过了。狄仁杰看到了这一幕,心中也是不由得一惊,赶忙跪拜在地,口中言道:"狄仁杰为陛下和太子,肝脑涂地,万死不辞!"

武则天上前一步,将伏跪在地的狄仁杰款款扶起,甚至是在太子过来要助一臂之力的情况下,推开太子,一个人把狄仁杰扶了起来,然后,望着这位老臣,无限深情地说:"狄卿啊,朕的狄国老,你让朕说什么好呢?好吧,就由你,你和太子想要什么,自己决定,朕把一切交给你,专断行事,无须事事禀报。"也就从这个时候起,在武则天口中,"国

116

老"成为狄仁杰的专有名词。

挂帅东征威慑敌胆

大周圣历元年（698）九月，武则天任命皇太子李显为河北道行军大元帅，狄仁杰为副帅，但"知元帅事"，也就是代行元帅的一切事务。李显这个元帅当的，那叫个省心。可狄仁杰这个副帅就得忙上了。

前线出征，首先要有兵有将，一听说太子挂帅，当初跟随太宗打天下，跟随高宗扫南北的一帮老将军们的后人纷纷报名，愿随太子和狄元帅为国立功。这里面就有一代名将曾经三箭定天山、白马征辽东的白袍将军薛仁贵的儿子薛讷。这个人也可以说是隋唐传奇小说中薛丁山的原型人物。当时薛讷本来在蓝田当县令，但一听说朝廷要征突厥而且是太子和狄仁杰为帅，当即辞官，应征入伍。狄仁杰听说了，知道这事不小，赶紧上报武则天，因为虽然武则天付其予全权之责，但狄仁杰觉得薛讷这样的人来了那不能只给个白丁当啊，武则天听了也很高兴，与狄仁杰一同当面接见功臣的儿子，希望他也能够成为像父亲一样的功臣。薛讷也不客气，不仅表态一定要建立功勋，而且当下就提出了不少独到的见解。于是武则天封其为左武威将军，跟随太子出征。后来，这个薛讷果然在大唐的国防事业上贡献颇多，曾经做过幽州都督兼安东都护。在唐玄宗时期又大破吐蕃，取得了唐开国以来对吐蕃战争的最大胜利，也是一次决定性的胜利。此后数十年，吐蕃不曾再犯唐之疆界。

当然，出征需要的不仅是薛讷这样的将军，更需要大批的士兵。鉴于此前武懿宗等人大力募兵而不成的教训，狄仁杰这次募兵一开始抱的希望也不是太大，可是，当人们知道这一次是太子挂帅出征，狄公副帅佐之时，应征报名那叫个踊跃，竟然把洛阳城里城外的几十个报名点都挤歪了。结果，三天下来就招募新兵（其中有不少是已经解甲归田的"老兵"）五万多人。原计划十天的募兵时间，仅仅三天就超额完成了任务。

李显虽然答应做元帅了，可心里却着实不想去吃那个苦。这时，他的夫人，太子妃韦香儿当仁不让，再一次当起了丈夫的导师，很不客气地对这个名义上已经是亿人之上，一人之下的太子爷说道："你他妈糊涂了吧。亏你还是个男人，这元帅是个能让的？仗咱可以不打，但元帅不能不当啊！"怎么样才能既当元帅又不上战场，还要把一旦胜利的功劳给揽在怀里呢？夫妻俩一番密谋，终于有了一个稳妥的办法。于是，在大军行将出发，武则天在洛阳城外给大元帅和狄副帅正式授旗的时候，太子李显意气风发地出现在众臣和围观的百姓面前，太子挂帅出征的消息不胫而走，很快就传遍了洛阳，传遍了全国，自然也传到了前线和突厥营中。可是当大军开拔，前行几十里后，元帅帐下的亲兵们才发现，这一次真正带领大家出征的其实只有副帅狄仁杰，太子因身体突然极度不适，需稍缓几日再行前往。这倒也好，狄副帅打起仗来少了许多羁绊，也少了不必要的请示报告，真正是"便宜行事"了。那么，这时候的河北前线又是一番什么情况呢？

皇太子挂帅出征，对于原本各自为战的几路大军的将领们来说，太子自然是谁也不能蔑视的总司令，对于大周的几十万士兵来说，太子的出征也给了大家以精神上的强大动力。而对于默啜和他的军队来说则完全相反。太子的出现，使得他发动战争的"理由"骤然消失，再也不成其为理由。而狄仁杰的大名则更使他认识到皇帝这一次是玩开真格的了。作为长久以来对大唐和大周官场观察甚久，研究颇深的突厥首领默啜也知道，狄仁杰无论在政治上还是民心上都占有不可抗拒的优势，对于这个老奸巨猾的对手，还是退避三舍为妙。所以，战争的结果是，尽管狄仁杰和他所带领的十万大军昼夜兼程，杀奔前线，但是，默啜跑起来比兔子还快，加之他的军队基本都是骑兵，而狄仁杰的十万人马充其量也不过拥有不到一万的马匹，而这些马匹还主要是用来承载运输辎重粮草的。狄仁杰的部队一天一夜行军突进一百里，已经是尽了最大的努力，可默啜的马匹一夜之间就撤出了两百里之多。当狄仁杰的军队重新夺回已经是一座又一座空城的时候，默啜的骑兵已经回到大漠以北，在那里将养疲惫的身体和马匹去了。那么，狄仁杰和他的十万大军就没有什么值得一提的战果了吗？当然不是，正是由于狄仁杰大军的拼命追击，默啜在撤退的时候就很显惊慌，这样一来，原先抢到手的好多物资就来不及转运回草原，有的地方，几乎是抢了多少又留下多少。这对于当地人民来说就大大减少了他们重建家园的困难。更主要的是由于默啜的军队主要是骑兵，这样，在其稍显慌张的撤退过程中就不得不把起码不下几十万人的壮丁和其他人民忍"痛"丢了下来。这也相对减少了战区人民的痛苦，挽救了这几十万上百万人的性命。

对突厥的战争虽然很难说在军事上取得了什么巨大胜利，但在政治意义上的胜利却是不可忽视的。那就是，战争使武则天进一步认清了民心所向。

战争结束了，狄仁杰的十万大军是所有军队中最晚集结，最晚出动，最晚投入战场的，可是战争结束的时候，这路大军却处在所有四十五万

狄仁杰墓位于洛阳城东十二里的白马寺

大军的最前沿，他们追击突厥人走出去的行程也最为遥远。这就越发显现出了其他将领和部队的畏缩不前、士气低落与狄仁杰部队的勇猛果敢、士气高昂。对此，武则天心里明镜一般，但是，狄仁杰再好，她也不能把所有的担子都交给这个年近七旬的老人来挑。她只能是把眼下最重要的事情让这个无以替代的人去做。那么眼下什么最重要呢？那就是安抚上百万的河北难民，整顿混乱的地方吏治。于是，在别路大军纷纷撤兵回营，将帅回朝的时候，狄仁杰却领受了一项新的任命："河北道安抚大使"。

安抚难民整顿吏治

说来，同样的职务，同样的工作，在短短的一年半之内，竟然历史地再次落到狄仁杰头上。这一次，狄仁杰所面临的是一个极其复杂又混乱不堪的局面。首先是人的问题，百姓上山为匪的有之，因为逃壮丁外出他乡的有之，被突厥抓去逃回来成为"无家寡人"的更是有之。狄仁杰分析各种情况之后，决定先抓主要矛盾，那就是让百姓吃得上饭，支得起锅，屋子里面能升起火。这个冬天将是决定朝廷在河北人民心中存在与否的关键。当然重中之重的就是吃饭的问题。作为多年的地方官，狄仁杰相信，中国的老百姓只要你能让他吃得饱、住得暖，那就绝没有人愿意上山为匪。说到底，所谓的匪患就是官府逼出来的。这样的经验，对于狄仁杰来说，已经不是一次两次，而是无数次的验证。为此，狄仁杰上书武则天，请求朝廷赦免所有上山为"匪"者的罪过，只要他们放下武器，回到家中，朝廷一样给他们救济粮、救济款，帮助他们度过寒冷的冬天，也帮助他们恢复来年的生产。我们不妨欣赏一下这位心系民众，计在朝廷的忠臣大吏写给武则天的亲笔信吧：

　　臣闻朝廷议者，以为契丹作梗，始明人之逆顺，或因迫胁，或有愿从，或受伪官，或为招慰，或兼外贼，或是土人，迹虽不同，心则无别。诚以山东雄猛，由来重气，一顾之势，至死不回。近缘军机，调发伤重，家道悉破，或至逃亡，剔屋卖田，人不为售，内顾生计，四壁皆空。重以官典侵渔，因事而起，取其髓脑，曾无心愧。修筑池城，缮造兵甲，州县役使，十倍军机。官司不矜，期之必取，枷杖之下，痛切肌肤。事迫情危，不循礼义，愁苦之地，不乐其生。有利则归，且图赊死，此乃君子之愧辱，小人之常行。人犹水也，壅之则为泉，疏之则为川，通塞随流，岂有常性。惜董卓之乱，神器播迁，及卓被诛，部曲无赦，事穷变起，毒害生人，京室丘墟，化为禾黍。此由恩不普洽，失在先机。臣一读此书，未尝不废卷叹息。今以负罪之伍，必不在家，露宿草行，潜窜山泽。赦之则出，不赦则狂，山东群盗，缘兹聚结。臣以边尘暂起，不足为忧，中土不安，以此为事。臣闻持大国者不可以小道，理事广者不可以细分。人主恢弘，不拘常法，罪之则群情恐惧，恕之则反侧自安。伏愿曲赦河北诸州，一无所问。自然人神道畅，率土欢心，诸军凯旋，得无侵扰。

读完这篇文章，你能不为狄公的一片赤诚感动吗？同样的道理，太宗时的名相魏征用过，民可以载舟，也可以覆舟。但魏征所言乃大略所致，而狄公所语则用之具体，这是一个非常大胆而亲民的方针和治国之策略。董卓之后，罪首伏法，殃及部属，本该天下大治的形势，转瞬之间变成了天下大乱，这样的历史教训肯定不只是说给武则天一个人听的，应该也是天下所有的君主和领导者们应该切记的。而狄仁杰的做法，一如既往，给那些上山为"匪"或曾经被突厥裹胁的人以出路，让他们回到各自的家里，与亲人过正常的生活，这既是让统治者放心的唯一办法，也是让老百姓安心的正确策略。

　　对于狄仁杰所提的要求，武则天逐一看过，当下大笔一挥，全部通过，一切由狄国老自己裁量，朝廷只负责给你足够的钱粮供给就是了。在得到武则天大力支持的保证后，狄仁杰首先宣布并到处张贴朝廷的赦免诏书，再通过已经上山的那些人的家属和亲眷上山动员他们赶紧回来。想一想吧，朝廷不仅赦免了你们的罪责，而且免去了全河北一年的税收，给你田，给你粮，还给你明年生产用的种子，这样的政策还不能让你回来，莫非真要一条道儿走到黑吗？再说了，人家狄大人可是说了，回来一切都好说，不回来，只给咱一个月的时间，时间一过，朝廷大军定然剿灭所有匪巢。到那时，怕是你想回都回不去了。或者就有的女人对男人说，你若不回来，那我可就跟别人过去了，反正是指望不上你了。如此等等，强大的攻心战在亲人之间展开，更何况，即使是三分有意留在山上的少数人，一打听这次朝廷派来的安抚大使竟然是狄公，那三分意思也立马就要减去两分，因为，这个狄大人，那威名是在河北大地早已四处传扬了。以前只怨朝廷没有把狄大人派到咱这块地儿来，这一次狄大人来了，那还犹豫什么呢？

　　不出一月，整个河北境内"匪祸"绝迹。狄仁杰则在安排分发救济物资的同时开始对吏治的整顿。方法也并不复杂，还是在宁州时的老办法，核对账目，把那些在上报朝廷的报表中有名有姓可核对的百姓叫来，与官员当面对质，对于那些贪污成性，民怨极大者，当即处理，上报朝廷备案，对于那些官声好，有干劲的官员则大胆提拔，予以重用。真正做到赏罚分明，惩前毖后。而在从打率军出征到安抚河北的这一并非短暂的过程中，狄仁杰虽以垂垂七旬之躯，却始终坚持和士兵们吃一样的饭，住一样的帐篷，以粗茶淡饭为乐，视风沙雨雪为常事，绝不搞任何的特殊待遇，真正体现了古之名将帅的风采。他这种身先士卒，率先垂范的作风也感染着整个部队和河北一省的官吏。经常有士兵看着狄公大口吃着和自己一样的饭菜，想想他老人家比常人更多的付出，士兵们都感动得哭了，而狄公却总是笑对一切，从容应付。

经过狄仁杰这一番整顿，整个河北大地恢复了一片生机，在军民一体的防御体系面前，默啜也嗅到了不同的气味，之后数年不再进犯河北，转而经营大漠东西，并将侵扰的矛头转向并州和朔方一带。

在武则天当政和成为皇帝之后，最喜欢干的一件事就是提拔宰相和换掉宰相。据统计，武则天先后用过的宰相竟达七十九人之多（这还不包括她与唐高宗并称二圣时所用过的那些宰相）。仅在狄仁杰二次为相后不到四年的时间内，武则天用过的宰相先后也达二十多人，而宰相班子经常保持的人数不过五六人而已。可想而知，这个班子的淘汰和轮换之快，到了何种程度。事实上，其中相当一部分所谓的宰相，大致就是上去走一遭，刚刚进入中书省没有几天，武则天一看不行，马上换掉。也有干得长久一点的，那就是由狄仁杰推荐提拔上来的姚崇，还有一个是狄仁杰的老"狱友"，后来也是由狄仁杰提携进入宰相班子的魏元忠，再有一个则是狄仁杰的老朋友娄师德。而又由于娄师德大部分时间用在了边事上面，因而，在相当长的时间里真正在宰相这个位子上决策办事的实际就是狄仁杰或以狄仁杰为主的几个人。我们知道，武则天是一个相当有个性的君主，狄仁杰也决非随波逐流之徒，按一般的常识，两个个性十分强大的人在一起怎么可能合作得天衣无缝呢？事实是他们的合作恰恰是天衣无缝。其奥妙就在于狄仁杰的个性全部体现在为国事操劳，为国家运筹上面，在这个层次上，武则天固然有个性，但她是一个能够听得进逆耳忠言的领导者。她知道狄仁杰是在为她分忧，而其中决无私利。相反，在有关武则天的私生活方面，狄仁杰则从不干涉，也从不议论，更不会涉事其间。那么，武则天的私生活何以到了对他人的看法和议论如此忌讳的程度呢？这又要从头说起。

武则天生来精力旺盛，即使在男女私生活方面也非常人可比。高宗之后，武则天把全部的精力投入到政治领域中去，情感上的要求倒也显现得不是很强，可是等到她觉得天下大定，权力的欲望呈现出满足状态时，这个美丽非凡的女人，这个深宫寂寞的君主在个人欲望上如果仍然能够按捺得住，那就不太正常了。毕竟，皇帝也是人，女皇帝也是皇帝。从来的男人当皇帝，可以拥有后宫佳丽三千，可以拥有天下女子无数，如今女人当皇帝，难道就应该守节到底？难道就必须"独善其身"？所以，她的"奇葩""义女"，按辈分武则天其实应该称其一个"姑姑"的唐高祖的小女儿不失时机地把亲自体验过的卖大力丸的风流壮汉冯小宝献给了她。使武则天在工作之余有了一份属于自我的生活，也使这个寡居日久的女人找回了真正的属于"皇帝"的幸福，并从此而一发不可收。应该说，关于冯小宝（后改名薛怀义）的故事，由于和我们的主人公狄仁杰没有更多的工作接触，我们就基本免谈了，但是，冯小宝之后的那两个人则不能不说。因为，狄仁杰不可避免地要与这二位打交道，而且是既不失宰相之体面，人臣之大节，不向此辈小人阿谀逢迎，又不使女皇难堪，把自己扔进火坑里去。其说话办事之分寸，非功力之深厚者怕是很难掌握的。

狄仁杰二次拜相后不久，武则天的宝贝女儿（这一次是亲生的真正的女儿）太平公主将一件宝物送给了刚刚失去男宠薛怀义的母亲，这就是著名面首张昌宗。张昌宗自己做了武则天的面首还不行，又把自己的同父异母兄张易之也介绍了过来，张易之虽说没有文艺方面的天赋或者叫特长，但年龄比张昌宗又大了几岁，对女人的经验也要比其弟更丰富一些，而且还有一手炼丹药的绝招，这个可是老太太特别喜欢的宝贝。因之，这兄弟两个在武则天身边，那就是相得益彰，女皇的情感生活一下子就进入了一个新的阶段，产生了质的飞跃。

对于武则天所做的这些说轨外也算轨外（男人当皇帝都没有的事情），但说轨内也应作轨内（皇帝都有三宫六院，为什么武则天不可以有）的事情，狄仁杰身为宰相自然一切都看在眼里，从心里讲也绝不会赞同。但他有他的做事原则，他有他的为政方略。那就是只要这些事情与朝政无关，只要你不会危及大政方针的落实，皇帝的生活，我决不干涉。不过，狄仁杰还有一个原则也是不能越雷池半步的，那就是这个不干涉得是互不干涉，我井水不犯河水，你河水也不能犯我这井水，一旦相犯，则毫不退让。在这方面，那个集翠裘的故事就是最好的例证。有一次，南海郡王给武则天进贡了一件据说是由上千只翠鸟的羽毛织就的大衣，这件衣服可谓价值不菲。有好东西，武则天自然首先想到的是张昌宗，就把这件鸟衣赏给了最心爱的面首。张昌宗呢，也很会撒娇，当着许多大臣的面，穿上这件衣服当真就成了一个名副其实的"鸟人"。为这事，张昌宗很得意，一众控鹤监中的文人学士也少不得吹捧几句，还有的竟填词作画，将张昌宗比作下凡仙人。乌烟瘴气，不一而足。这件鸟衣也就成为张昌宗轻易舍不得脱身的宝衣。

偏巧，这一天狄仁杰有要事进宫去向武则天请示，武则天却正在和张昌宗两个人玩双陆棋。狄仁杰见状，并没有像其他人一样为张昌宗喝彩，而是直截了当就找武则天汇报工作，当下就把武则天和张昌宗那盘未下完的棋给搅了。而且，宰相和皇帝谈事，张昌宗在跟前自然不合适，武则天还得让他退到屏风后面去，暂避一时。等到工作谈完了，狄仁杰掉头要走，武则天却把他叫住了，大约是想给张昌宗个面子，也可能是想让自己一内一外最信得过的两个男人之间关系不要太僵，总之是武则天要狄仁杰"拨冗"留下来和张昌宗下两盘棋。工作再重要，总还是要适当调整调整嘛。劳逸结合，也是领导对你狄国老的关怀，狄仁杰再牛，也不能不领这个情。

其实对于狄仁杰来说，下双陆本来也不是什么难事，早年也曾是民间高手。只是这些年来忙于政务，技艺有些生疏，但玩双陆的规矩和技法还是没有忘记的。现在皇帝要求他留下来玩两盘，哪怕你就再忙再不屑于和张某人斗技，这话也是说不出口的。倒是张昌宗，因为玩得多了，人也比较聪明，一时间竟成为控鹤监一大帮文人学士里玩双陆的顶尖高手，就连武则天也经常一不留心就输给他了。只是为了哄女皇开心，张昌宗不知从什么人那里学了一招，那就是在与武则天玩的时候尽量有意地输多赢少。反正不管他输还是赢，武则天都少不了给赏的，落得大家高兴而已。现在一看武则天叫平时对他连看都不看一眼的怪老头狄仁杰和他下棋，心里突然就是一阵紧张。为什么呢？因为他太想赢狄仁杰一把了。满朝的大臣都把我们兄弟二人高看一眼，偏你这个老家伙就瞧不上我，那好，你是宰相，别的我玩不了你，那就在这棋盘上面叫你认个输也好。张昌宗以为，狄仁杰从来不玩双陆，起码是张昌宗没听说过狄仁杰会玩，而自己则无一日不玩双陆，对比之下，还不三下两下就把老头杀个大败亏输？可是，年轻的张昌宗以现在的棋艺而言，也许真的要强狄仁杰不少，但在心理方面，他可就差这个老头太远了。譬如说，无论如何，他都没有想到，狄仁杰不仅接受了武则天的要求，而且还提出了自己的条件："陛下，下棋可以，但老臣有个习惯，要不不下，下则必赌。臣是要设赌才下的。"

武则天一听，嗬，不错啊，一本正经的老夫子竟然要赌斗下棋，这倒蛮新鲜的，这么些年了，还从来没有听谁说过狄大人会设赌呢！那就来吧。于是，武则天饶有兴趣地问道："好啊，赌得好，可是，你们两个拿什么为赌呢？"

狄仁杰伸出一个指头，指着张昌宗身上那件"鸟衣"道："就赌这件衣服。"

武则天道："好眼光，国老啊，你赢了固然好，万一你输了呢？你输什么？"

狄仁杰道："陛下，臣堂堂宰相会输吗？"略作停顿又说，"输了臣把这件朝服脱下给他。"说着，又指了指自己身上的紫色蟒袍。

武则天笑了："国老啊，你是不知道昌宗这件衣服的价值吧？千金不换啊，你这件袍服，抵不得啊。"

武则天本是笑着说的，谁知狄仁杰却正色："陛下，臣这件乃是宰相应对皇帝时穿的朝服，而他这件则是嬖幸宠遇之物，要说起来，臣还吃亏的呢。"武则天一听，这个倒也是理。于是点头。这两个人说话，根本就没有张昌宗插嘴的空。

及至两位棋手正襟危坐，开始下棋，张昌宗一肚子的技艺突然就不知跑哪里去了。只觉得眼前这个人伟岸而高大，那浑身上下似乎都带着一股子杀气，他想正面看看狄仁杰的眼睛，或许能从那里面找到什么秘密。可是，仅仅把眼睛往上抬了一点，立马又低下头来，把目光悄然收回。显然，狄仁杰眼中闪射的是一道道锐利的光芒，一种可以穿透任何器物的无形之箭。狄仁杰呢？虽说这玩意儿长久不下，可狄公下棋却有如他做任何事情一样，一定觉得要做，就一板一眼，决不含糊。其棋风锐利，正像是战场上疾驰的战马。不一会儿，就把张昌宗杀得大败。

一盘下完，武则天有点不信，瞪着眼问张昌宗："昌宗，你的棋艺，不该如此呀。"稍顿一下又说，"国老，这一盘，也许是因你运气好呢，要不，再来两盘？三盘两胜如何？"

狄仁杰说："臣遵命。"张昌宗自然只有听话，依然没话可说。要知道，武则天这话并不是没有道理的。盖因双陆的玩法，是通过双方掷骰子的点数来决定棋子移动的步数的。类似于今天跳棋的玩法，但双方各自所走步数则由掷出来的点数决定，所以其中运气的成分不能说没有，但你若想每一盘都有上好的运气那是不可能的。因为概率决定了"运气"的流转。可是，武则天压根没有想到的是，双陆高手张昌宗这一盘比首盘败得更快，输得更惨。而且，还没有等狄仁杰说什么，张昌宗已经站了起来，口中诺诺道："狄大人果然厉害，昌宗认输，昌宗认输。"这时，武则天也不好说什么了，三盘两胜。狄仁杰显然是胜了。可是，事情并没完。只见那狄仁杰慢慢站了起来，短促而坚决地说出一个字来："脱"。说着，用手指着张昌宗身上那件"鸟衣"。

张昌宗无助地看着武则天，希望她能为自己留住这件心爱的宝物，谁知武则天却点头道："对呀，昌宗，愿赌就得服输，脱呗。"说着，竟哈哈大笑起来。

张昌宗无可奈何地脱下了那使他成为"天人"的一身羽毛，若问他此时的感觉，可能和被退了毛的小鸟并无二样，甚或就是光着身子出现在那该死的狄老头面前。狄仁杰却不管张昌宗的感受，径直拎起鸟衣走了出去。

再说这时那宫门以外，狄大人和张昌宗赌斗的消息已经传了个禁宫之中无人不知，好多大臣都赶来看热闹了。眼看狄仁杰手中拎着那"宝衣"出来，众人纷纷猜测，狄公要将这宝物如何处置，大约不送回去也得留在家中珍藏起来吧。可任谁也没有想到的是，狄仁杰刚一走下那高高的台阶，照直就把"鸟衣"扔给了跟随他前来的卫士。然后命令："来，穿上！"就在众人惊异的眼光中，卫士麻利地穿好鸟衣，随狄仁杰扬长而去。

这件事说明两个问题，第一，武则天确实宠幸张昌宗不假，但这种宠幸是有限度的。第二，狄仁杰太过了解武则天，知道在什么情况下即使"冒犯"武则天的男宠，武则天也不会因此而变脸的。而这件事在朝臣之间所产生的影响，恐怕就不是这么简单，它大长了那些正直之人的志气，也在一定程度上压制了宵小之徒的气焰，使他们在巴结阿谀二张诸武的时候也多少长了点小心。

第六节　劲戒佛事　广育桃李

力劝武皇慎为佛事

武则天信佛，佛对女皇的影响之深是根深蒂固的。因为她的母亲杨牡丹就特别信佛。这并不奇怪，自魏晋南北朝以来，佛教在中国有很大的发展。隋唐之际的士大夫更是多信佛法。杨牡丹出身关陇望族，父亲杨达曾是隋朝宰相，她不信佛倒是怪事。杨牡丹信佛到了什么程度呢？她的女儿当了太后又做了皇帝之后，杨老太太手里有了大把的金钱，没有干别的，而是拿这些钱来用于佛事，先是重修了汉代著名的太平寺，后又拿钱在嵩山少林寺建了一座宝塔。有母亲信佛如此，自幼丧父的武则天信佛就毫不奇怪了。只是，作为皇帝，她的一举一动，又岂能不影响整个朝廷，整个社会？

久视元年（700），就有所谓的西域高僧奏请武则天到寺庙里去瞻仰真佛舍利。武则天对于这样的活动一般是有求必应的，朝廷上下一帮人一看皇帝都答应去了，好多大臣也就跟着要去，生怕不去让人说你不步步紧跟，从而影响了进步的速度。跟着就开始让警卫部队和皇家招待部门一阵慌乱。天子出行，那警戒的级别得有多高？起码上万人的卫戍部队是要动起来的，这还不说沿途对百姓的骚扰。警卫部门一忙活，就要向财政要钱，报告打到狄仁杰那里，狄仁杰只问一句："有圣上的朱批吗？"

回答说："没有，可是这全是给皇上出行准备的，以前不是也不一定就非要朱批吗？"

狄仁杰笑道："你别管了，搁下吧。"

送报告的人没办法，只好搁下了，他一搁下，整个儿就转不起来。于是有人着急，有人替狄仁杰担心："狄公啊，这事是陛下要去的。万一陛下追问起来怕是不好交代啊。"也有人说："狄仁杰胆大包天，皇帝的事也敢管？"

说这话的人，要么是太嫩了点，对狄公早年专和皇帝"作对"的事儿了解太少，要么就是幸灾乐祸，等着看狄仁杰的好看。狄仁杰却不慌不忙，径直进宫找到武则天说："陛下，这什么舍利子的，您不能去看。"

武则天不解，或者以为狄仁杰在开玩笑："好我的国老啊，朕已经答应的事，怎能反悔呢？"

狄仁杰道："陛下想过没有，这些胡僧为什么一定要请您去看舍利？"

武则天道："他们知道朕是佛的忠实信徒吧。"

狄仁杰道："陛下，臣不这么看，那些胡僧不是说陛下就是佛吗？他们要一尊真佛去看什么佛的舍利子，这难道是对佛的尊敬吗？譬如一个家庭，岂有客人不来拜访主人，倒要主人先去拜访客人的？"

武则天点头，心想，这个狄老头说得倒也是个理儿。

狄仁杰又道："所以，在臣看来，这帮胡僧想让您去看舍利子，无非是通过您达到扩大宣传，招揽更多的人去看舍利的作用。试想一下，皇帝都去了，百姓能不去？这一来一往，要耽误百姓多少时间？又会给社会治安造成多大的麻烦？臣想陛下一定不知道，朝中大臣一听说陛下要去看舍利，马上就有好多要为陛下护驾一同去的。而这么多人到一个山区去，那要多少的警卫部队才能保证陛下和大臣们的安全？"

武则天疑惑道："国老，朕就说好是看看去，这又不是什么公事，就算朕私访还不行？朕没有要你们安排什么警卫部队啊。朕是参拜佛去的，佛会保佑一切的。"

狄仁杰笑道："陛下，您可以不要求安排警卫，或者您还可以要求不安排警卫。可您是万金之身，亿众之主，这一路上山道崎岖，险隘也有几处，万一有所不测，有人要演当年博浪沙之故事，谁又能担当得起呢？"

武则天震惊了，狄仁杰一把这事的危险之处和当年张良刺秦始皇的故事往一块联系，她马上就意识到这里面的风险有多大。说来还是朕的国老想得周全啊。想到此，武则天频频点头，对狄仁杰道："那，朕不去就是了。国老你倒是说一下，还有谁是要和朕一块去的？"

狄仁杰这才把那张要求拨付警戒行动费用的报告递给武则天道："全在这上面写着呢。陛下看看也好，现在陛下不去了，朝廷可就省下了一大笔开支呢。"

武则天看看那报告上附带的名单，当然包括控鹤监的一众人等，无奈地笑笑，再看看到报告上所提的钱数，不禁吃惊道："狄公，他们也忒胆大了吧，朕也没有要他们陪朕，怎么就会有如此多的开销呢？"

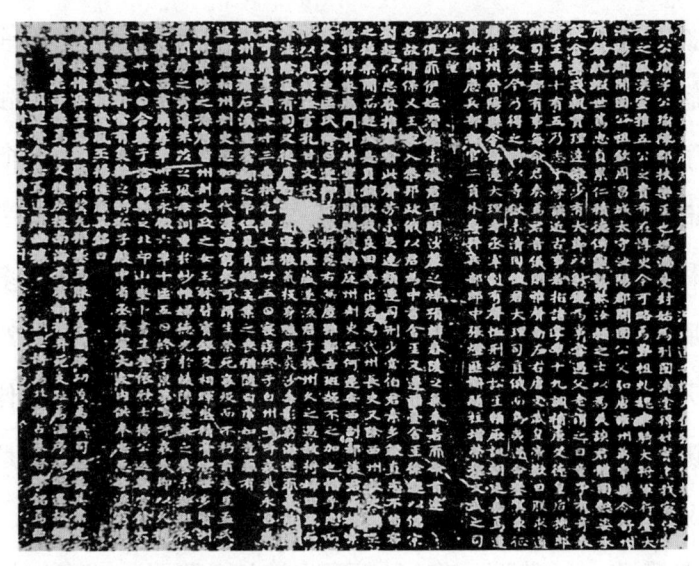

狄仁杰书《袁公瑜墓志》

　　同样是在久视元年（700）八月，不知是听了什么人的主意，武则天突然要在洛阳建一座巨大到前无古人后无来者那样大的佛像。意思是要匹配她那已经没有办法形容的名声和功绩。可是建佛像光预算就几百万，真正建成更不知将耗费几何。但应该拿钱的国库这时却面临着一个尴尬，由于僧人众多，三街六寺化缘的也多，田野里种地的就少了，吃闲饭不劳而获的多，当苦力干活的就少了。更重要的问题是，寺院连续扩建，僧众游方天下，吃的喝的都是老百姓的，而这些人不仅不交税，还要向老百姓强摊硬派，等于是和国家争税源。也就是说，在武则天对佛教的无度纵容下，国家的财政收入都受到严重的影响。大周的国库空虚了。所以，在武则天要狄仁杰从国库里拿钱建佛像的时候，狄仁杰并不说您不可以建佛像，而是说我国库里拿不出钱来。

武则天自然也知道国家财政吃紧的情况，可是佛像还是要建的，怎么办呢？武则天自有她的办法，反正建佛像不是佛事吗？那就按佛事来——化缘。怎么化法？女皇的办法是，强征硬派，不过，你狄仁杰不是说建佛像骚扰老百姓吗？好，我不和老百姓要钱了，我和僧尼要钱你总不能说什么了吧？于是，一道饬令下来，全国僧尼每人每天必须捐一个铜钱，僧众多了，相信不久就会集资集够的。到这时候，狄仁杰实在看不下去了，他不能看着自己效忠的皇帝走火入魔，也不能硬生生让武则天弄个众叛亲离，民心尽失。于是，老宰相上书一篇，竭诚奏道：

臣闻为政之本，必先人事。陛下矜群生迷谬，溺丧无归，欲令像教兼行，睹相生善。非为塔庙必欲崇奢，岂令僧尼皆须檀施？得筏尚舍，而况其余。今之伽蓝，制过宫阙，穷奢极壮，画缋尽工，宝珠瘅于缀饰，环材竭于轮奂。工不使鬼，止在役人，物不天来，终须地出，不损百姓，将何以求？生之有时，用之无度，编户所奉，常若不充，痛切肌肤，不辞箠楚。游僧一说，矫陈祸福，剪发解衣，仍惭其少。亦有离间骨肉，事均路人，身自纳妾，谓无彼我。皆托佛法，诖误人生。里陌动有经坊，阛阓亦立精舍。化诱倍急，切于官徵；法事所须，严与制敕。膏腴美业，倍取其多；水碾庄园，数亦非少。逃丁避罪，并集法门，无名之僧，凡有几万，都下检括，已得数千。且一夫不耕，犹受其弊，浮食者众，又劫人财，臣每思惟，实所悲痛。

往在江表，像法盛行，梁武、简文，施舍无限。及其三淮沸浪，五岭腾烟。列刹盈衢，无救危亡之祸；缁衣蔽路，岂有勤王之师！

135

比年以来，风尘屡扰，水旱不节，征役稍繁。家业先空，疮痍未复，此时兴役，力所为堪。伏惟圣朝，功德无量，何必要营大像，而以劳费为名。虽敛僧钱，百未支一。尊容既广，不可露居，覆以百层，尚犹未遍，自余廊庑，不得全无。又云不损国财，不伤百姓，以此事主，可谓尽忠？臣今思惟，兼采众议，咸以为如来设教，以慈悲为主，下济群品，应是本心，岂欲劳人，以存虚饰。当今有事，边境未宁，宜宽征镇之徭，省不急之费。设今雇作，皆以利趋，既失田时，自然弃本。今不树稼，来岁必饥，役在其中，难以取给。况无官助，义无得成，若费官财，又尽人力，一隅有难，将何救之！

不知我们的读者在读到这篇文章的时候是什么感觉，笔者是实实在在为狄公的浩然之气和一片忧思之心所感动了。对武则天痛陈"佛祸"横行，甚至将危及国家安全的"危言"，这可不是闹着玩的。洛阳城里的几万僧人尼姑，不论真假，这些"佛国之人"，亦是法外之人。虽然被狄仁杰一查就查出了几千个假僧人，但没有查出来的可想有多少，这且不说那些披着真佛袍干着其他勾当的"花和尚"假尼姑。当宗教在一定程度上成为这些假冒僧人不劳而获者享受的天堂和护身符的时候，这个国家的危机其实已经不远了。武则天因为国库空虚而向僧人摊派，可是狄仁杰却指出，僧人自己是生不出钱来的，他们最终还是要从百姓指甲缝里往出抠人家的活命钱。而且当寺庙佛像建造得穷奢无度的时候，老百姓的生活又会是怎么样的呢？应该说，一般情况下，进入老年的狄仁杰，尤其是当他的身体已经出现极度不适的情况下，狄仁杰是不愿意以过度激烈的口气和武则天说话的，这对君臣之间实际上保持着一种别人难以理解的默契。但这一次狄仁杰是真的忍耐不住了，他不能眼看着自己竭尽全力辅佐的皇帝在一条没有尽头的路上走下去，所以，冒死陈情，恳请武则天罢佛像事。而透过这字字可泣血、处处见真情的文字，我们看到的是一个行将就木的老宰相为他所爱戴、所迷恋的这个国家和这个国家的人民的无限深情。这就是狄仁杰！若非狄仁杰，又有谁能写出这样的文字？

对佛事基本上一条路走到黑的武则天到底还是被狄仁杰的赤诚和他所言明的道理打动了，在佛与人之间，这一次她选择了人，选择了狄仁杰。大建佛像的工程停止了，但这只是武则天卖给狄仁杰一个面子，狄仁杰去世后不久，武则天就又在一众僧尼信徒的怂恿下再次下达了开建佛像的命令，这一次，没有人再给她进谏阻止了。

天下桃李悉在公门

狄仁杰二次为相后，有一件事是他和武则天达成的共识，那就是要在狄仁杰的有生之年，由这位武则天最为信得过的正人君子和首席宰相尽可能多也尽可能早地为武则天也为朝廷推荐和培养一批可造之才，宰辅之才。同时，我们也可以说，狄仁杰知人善任，以独到之目光发现人才、举荐人才的特点是贯穿一生，特别是后来进入中枢之后的整个工作中的。这方面的例子很多，最突出的莫过于当年在安抚河北时，以一己之力招抚契丹骁将李楷固、骆务整，这两个人在归顺之后的很长时期都是大唐（周）在对外战争中最管用的战将。如果联想到几十年后安史之乱时那

137

个与郭子仪齐名，出生入死，带领唐军最终平定安史之乱的李光弼，再联想一下这个李光弼将军竟然恰恰就是李楷固的女儿所生，真不知该让大唐对狄仁杰这个不世的"伯乐"说多少感谢才对。然而，对于神功元年（697）之后，也就是二次为相后的狄仁杰来说，在人事工作方面最为迫切的头等大事却显然不是一般意义上的发现人才和举荐人才，而是为最终恢复李唐天下，为在大周与大唐之间实现"和平"过度寻找自己最放心、最合适的干部队伍。奥妙在于，这个工作必须取得武则天的同意和支持，但又不能让武则天对自己有任何一点点的怀疑与忌惮。

让我们来检阅一下狄仁杰的这支特别工作队吧：

排头兵，襄阳人张柬之。这个被狄仁杰寄予厚望的"人才"其实比他的导师狄仁杰还要年长五岁。张谏之早年以进士身份入仕，但做官做到六十四岁的时候却仍旧只是一个青城县丞（比县令还小一级），六十四岁时不甘寂寞的张柬之参加了朝廷组织的贤良方正考试并获得第一名，这才进入到中央机关，担任了狄仁杰曾经担任过领导的御史台最基层的工作者监察御史，也就在这时候遇到了狄仁杰。可以说，张柬之这个人是很有毅力和能耐的，但在遇到狄仁杰之前却一直很不顺利，是一颗被埋没的明珠。张柬之进入中央机关，当然是想干一些大事的，但大多数的人却对这个刚刚入道的老头子看不上眼。确实也是，别人这么大都要退休了，你却要死要活的往里挤，除了官迷还有什么？狄仁杰却不这样看，他几乎是一眼就看到了这个长者身上不可按捺的活力和才智。

于是，在圣历元年（698）的一次朝会之后，当武则天留下狄仁杰，单独问他："朕要一好汉使，有乎？"意思就是，我要找一个特别能干的人，有吗？

狄仁杰毫不犹豫就说："陛下，这样的人有啊！荆州长史张柬之，就是这样的人才。此人年纪虽然大了一点，但那是真正的宰相之才啊。陛下如果用了他，一定会给陛下、给国家做出杰出贡献的。"

武则天可能还是觉得张柬之年纪太大了，而且如果一下子提拔成宰相的话，这速度也太快了一点，所以给他调整了职务，但是距离宰相这个位子还是太遥远了点。

又过了一些天，武则天再次问狄仁杰，要找可以做宰相的人，狄仁杰这次的回答更简单，只有三个字："张柬之。"

武则天说："国老说的这个人朕已经给他调整职务，让他当洛州司马了。"

狄仁杰毫不客气道："陛下，我推荐这个人是去当宰相的，可不是去当什么司马的。"照直把皇帝给顶了回去。

经这次特殊的问答，武则天才真正把张柬之的事放在心上，很快就把他调回中央，担任了秋官侍郎，这个职务距离宰相就只一步之遥，或者一般就是预备宰相了。不过，由于狄仁杰此后不久就离开人世，在他的有生之年并没有亲眼看到张柬之成为宰相。最终把张柬之推上宰相位置的是狄仁杰的另一个杰出"弟子"，同样也是大唐一代名相的姚崇。

姚崇，河南陕州人（651—721）司马光在《资治通鉴》中明确指出，姚崇是狄仁杰的门生。从年龄上看，姚崇比狄仁杰正好小二十岁，应该说是最好的梯队接班人。事实上姚崇在他四十七岁的时候就成为宰相，确实也是时任首席宰相狄仁杰极力推荐的结果。四十七岁当宰相，无论以什么标准来衡量，都是很年轻的。但是狄仁杰在推荐的时候看中的就是这一点，而武则天也没有什么异议，所以很快姚崇就成为有唐（周）

以来最年轻的宰相。

姚崇作为一代名相，主要功绩是在唐玄宗开元年间。正是由于姚崇的大力辅佐，励精图治，尤其是他向唐玄宗提了十大政治主张并使其坚决贯彻之，使得大唐在这一时期得到了空前的发展，也可以说，姚崇的治国实践正是狄仁杰治国理念的延续和发展，开元盛世的实现，正是狄仁杰政治理想的生命体现。

其他的还有很多，主要的则是以下几位：

敬晖（？—706），山西临汾人，是狄仁杰的老乡。也是狄仁杰最早发现其理政才能和政治抱负并一手向武则天推荐提拔的。

桓彦范（653—706），是狄仁杰青年近卫军中最出色的一个，比姚崇还要小上几岁。在狄仁杰的预想中，桓彦范应该是和姚崇一样成为大唐日后的中流砥柱的。只是桓彦范英年早逝，未能在随后的开元盛世中发挥他本该发挥的作用。

在受到狄仁杰重视并亲自向武则天推荐的人中间，还有两个特别重要，那就是后来神龙政变中与张柬之、敬晖、桓彦范一样的主要参与者河北沧州人袁恕己与河北平安人崔玄暐。这五个人就是后来神龙政变的组织核心，也都在狄仁杰的推荐培养下，先后都当上了武周皇朝的宰相。说起来。这事儿其实是有些不可思议。狄仁杰培养了一批和自己具有相同政治理念的人，这个理念是什么呢？就是推翻武周，恢复李唐。按后人范仲淹的话说是："天子既臣而皇，天下既周而唐"。然而，这五个人却是由武周的皇帝武则天一手任命并委以重任，把整个国家交给他们的。似乎是一个悖论，由武则天委任了一批最终推翻自己的人，而这些人都是她最信任的宰相狄仁杰培养的人才。然而，只要我们全面了解一下狄仁杰之对神龙政变的"天算"以及其后五宰相在狄仁杰的思想、方针和策略指导下取得的胜利以及他们未曾按照狄仁杰的嘱托解决武三思的问题而招致最终的疯狂报复并因此丧失性命的过程，就可以得出一个结论：对于狄仁杰来说，武则天是不可以轻动与背叛的，在狄仁杰看来，不管这个政权怎么称呼，武则天始终是大唐的皇后和太后，而大周说到底只是在大唐历史中的一个过度。因而，当武则天在世的时候，如果由自己组织人把她赶下台，那就是做臣子的大逆不道。而一旦武则天丧失施政能力，就必须快刀斩乱麻地清除武周的根基，以此振奋民心，重振朝纲。

第七节　栋梁摧兮　生命长存

一代名相与世长辞

武则天圣历三年（700），刚进秋天，狄仁杰的身体状况已经不允许他继续上朝了。为了照顾这位国之栋梁，希望他能早日康复。武则天命令把最好的御医派去给狄仁杰治疗，但情况并不多见好转。宰相们除轮流值班以外，又多了一件需要轮流的事情，那就是奉女皇之命每天至少派一个人去向狄国老汇报和请示特别重要的事情。而一般事务是不允许打扰病中的狄公的。这在一方面也为张柬之等人向狄仁杰请示汇报提供了方便，而同时不为武三思等人的爪牙所怀疑。

这一天，下朝之后，由张柬之带头，桓彦范、敬晖、崔玄晖、袁恕己五人前往狄仁杰府上看望。看着这五个人，五个由自己一手挑选、一手提携和培养的朝廷栋梁之材，此时的狄仁杰一定感慨良多，他是多么的希望自己能够和这些人战斗在一起，为恢复大唐而共同工作，为安定天下，造福苍生而同舟共济。可是，现在，这一切都将必然地留给历史，留给这五个人去完成了，让他们带上一份自己的心愿，愿他们能够分享自己的一生经历。他相信，他没有看错人，他也相信，这些人一定能够让他笑慰九泉。然而，当这五个人就站在他面前的时候，很久很久，他却一言不发，只是默默地把一汪英雄的泪水洒在了枕上。就这样，六个人面面相觑，直到月上柳梢，张柬之等才恋恋不舍地走出狄仁杰那并不算宽敞的宰相府。

从狄公的病床前离开，五个人心里都似乎被一块沉重的石板压制着一般，既失落，又无奈，满腹惆怅。走不多远，五人在一棵大树前站住，不禁议论起来，袁恕己心事重重地说："狄公不说话，是否想安排一下家事，有些事和我们说不太方便啊？我们几个再怎么也是外人啊！"

张柬之摇头道："不可能，我从来没有听说过大贤之人在临死的时候还会惦记家事的。你们不认为狄公是大贤吗？"众人都说："这还用问吗？"意思是，如果狄仁杰都不算大贤，那现在就没有大贤之人了。

正在五个人议论不休的时候，远处跑来一个人，走近了看是狄虎，由于大家都认得，心里便知狄虎此来一定有事。果然，狄虎走到近前，低声道："五位大人，我家老爷请张大人、桓大人、袁大人前去有话，敬大人、崔大人稍候。"

五个人心里一块石头落了地，敬晖、崔玄暐二人留下，张柬之等三人复又回到那间不大的卧室。这时，狄仁杰开口说话了："刚才我不说话，是因为敬晖、崔玄暐二人的缘故。这两个人是和你们一起干大事的人才，可是，在保守秘密方面就差了点。而这件事一旦泄密是会招来灭门之祸，而且会耽误国家大事的。所以不能掉以轻心。"

至此，张柬之等三人越发明白狄公之知人识人、高瞻远瞩，即使在生命垂危之际，尚能精思密虑，心细如发，真非凡人可及。

狄仁杰对他的弟子们交代的第一件事便是："欲成大事，必须先除掉武三思。"遗憾的是，张柬之他们把狄公所有的话都记住了、落实了，唯独漏掉了这最重要的第一句。神龙政变成功之后，他们没有杀掉武三思，却让武三思缓过手来把五个人最终全部干掉了。这也间接证明了五王（五相）之与狄仁杰的差别所在。

　　接下来，狄仁杰有条不紊地向他的弟子们逐一理清了太子李显与相王李旦、太平公主李令月之间与张柬之等五个人无形而有心的同盟关系；强调二张是暴露在外面的直接对手，但应该是比武三思要容易对付得多的对手。狄仁杰指出："武三思这个人在朝中根基要比二张深得多，这个人又是颇有城府的那一种，深不可测。所以对他必须采取断然措施。"在张柬之等表示理解之后，狄仁杰又怀着极其复杂的心情指出，这些事我是不能跟你们一块做了。但有一点希望，就是在干大事的时候一要果断，二要给皇帝留下一定的余地，不要让她太难堪。时机的把握最好是在武则天已经或即将丧失对政权的控制之时。

　　虽然是已经走到生命尽头的垂死之人，但是狄仁杰对整个时局和未来的预测与把握可谓鞭辟入里、精髓彻骨，张柬之等人听得茅塞顿开、豁然开朗。后来的事实证明，狄仁杰把握住了整个神龙政变的所有脉搏，张柬之等五人唯一没有按他的意思去做的就是在对待神龙政变后表面上顺从一时的武三思做果断处理，也恰恰是武三思最终把张柬之等五个已经封为异姓王的功臣送上了不归之路。但在当时，张柬之等三个人从狄仁杰的病床前离开的时候，心情却是异样的激荡。正如黑暗中航行的五只小船在这一刻不仅装备了指北针，而且连成了一条大船，有了前进的方向，也有了乘风破浪的力量。

武则天久视元年（700）九月十五日，一代名相狄仁杰与世长辞，享年七十一岁，这个年龄在号称"人生七十古来稀"的时代已经算是高寿了。

狄仁杰的政治生命还在延续

狄国老去世，受打击最大的无疑是他一生的君主和最终的对手武则天。对于狄仁杰的去世，女皇从内心到行动都表现出了最沉重的悲恸与哀思。面对群臣，武则天大声疾呼："朝堂空矣！"完全视百官于无物。为了表示对这位功勋相国的最高礼遇，武则天下令废朝三日。这是何等隆重的国丧！紧接着，女皇下令赠狄仁杰文昌右相，谥号"文惠"。请注意，在古代，谥号的赠予有着严格的规定，"文"无疑是最高的等级，表示具有"经天纬地"之才与"博学厚德"之品，而"惠"表示勤政无私，爱民仁慈，应该说，这个谥号对于狄仁杰来说，还是比较贴切的。在之后相当长的一段日子里。武则天每每遇到朝中有大事难以决断时，就禁不住要想起狄仁杰，并在朝堂上大声疾呼："天何夺我国老太早！"

狄仁杰去世了，但是他的思想，他的政治生命却还在延续着，甚至强劲地生长着，大有蔓延之势。

朝廷从洛阳搬到长安，又从长安搬回了洛阳。张柬之他们的行动在秘密地进行着。这好似一个历史奇观，一个政权的核心办事机构——几乎是整个的宰相班子以及他们周围相当一大部分的权力部门首长。本来是这个政权得以正常运转，得以喘息生存的核心力量，现在却无时无刻不在运筹着另外一番事业，而那个事业最本质的动机竟然是要推翻这个政权！问题的关键是，这些人，这些朝廷的重臣们，丝毫没有感觉自己是在背叛，而是感觉到自己正义在胸，历史也终将为他们谱写一曲惊天动地的战歌。

遵循当初狄仁杰的一再嘱咐，张柬之等人开始大规模网罗具有相同意向的大唐旧臣。包括向具有不可忽视力量的太平公主伸出橄榄枝。而年轻一代的重臣，如姚崇等人的加入更是有着深远的历史意义。

时光走进公元705年的时候，张柬之等人等待已久的机会终于来到，八十一岁的武则天越来越沉迷于二张的温柔之乡。没有了狄仁杰的里外操持，从打久视元年到现在短短四年间，青春不老的女皇以从来没有的速度加快地老去。她已经没有精力在朝政与温情之间挥洒自如，也已经对朝政有了得过且过的缓慢怠惰。这一年春节期间，武则天破例地给朝臣们放了长假，其实更主要是给自己放了长假。她的本意是如遇一般事情，宰相们处理就可以了，如果有什么特别重要的军国大事再来找她。可是，越来越想在政治上有所图谋的张昌宗、张易之兄弟二人却把女皇的意思变成了任何人没有他们两人的准许不得晋见皇帝。于是，从打大年初一开始到正月十五元宵节，皇帝竟然一次都没有临朝。从另一个视角上看，也可以说皇帝已经被二张完全胁持。张柬之知道这是天赐良机，这一次绝对不能再有意外，也绝对不能再次错过。趁着拜年的机会，五位宰相和从灵武道行军大总管任上回京复命却总也见不到皇帝的姚崇六位重臣分别游说于东宫、相王府和太平公主府上，游说取得了显著的效果。兄妹三人中，太平公主态度最坚决，坚决支持干掉二张，坚决支持请母皇禅让于太子哥哥，但同时也坚决要求保留母皇的性命和皇帝待遇不变。这个态度和狄仁杰先前的要求基本一致，但公主没有要求干掉武三思，也没有说不可以干掉武三思。太子李显一开始的时候犹豫两端，既不说愿意参与这样的行动，也不说不愿意参与这样的行动，后来在太平公主的劝说下才算答应可以参与，此君只有一个要求，能否征得母皇同意，和平解决问题。这个要求一提出，就被他的女婿驸马都尉王同皎不客气地驳了回去。王同皎生性耿直，说话不带拐弯，照直就把岳父大人顶了回去："您这样的想法，无异于与虎谋皮。再说，现在有谁能够见上皇帝。难道能让张昌宗、张易之去给您传话吗？"太平公主认为驸马说得对，这样李显才点头答应。李旦的想法比较简单，我不反对，但无心参与，愿你们好运。

在李家兄妹确定参与至少是不反对的情况下，政变就有了充足的正义感与强大的动力源。而为了这一天，张柬之等人在军事将领的争取或曰拉拢上更是早有预谋。这一点，甚至早在当年接替他的同乡杨元琰担任荆州府长史的时候，张柬之就同杨元琰泛舟江中，在左近无人的情况下与即将回京赴任的杨元琰畅谈心迹，遥想有朝一日能够亲手为大唐的恢复抛头洒血。当时，杨元琰便被张柬之这不老的老同乡那火一样的激情所燃烧起来，两人在江中，对天盟誓，此生必以恢复李唐为第一生命。现在，杨元琰就正在整个皇家卫戍体系中最重要的一环——羽林军中担任右羽林将军。这个职务是张柬之在担任宰相后推荐杨元琰担任的，杨元琰上任的时候，张柬之特别提醒他："可记得当年泛舟江中时所说的话吗？今天这项任命可不是随便给您的呀。"杨元琰当然心领神会，而在其他一些重要的岗位上，也都大多换成了赞成政变的激进分子。

……

政变的结果是二张伏法被诛，武则天纵有天大的本事，毕竟年老力衰，众叛亲离，只能哀叹无可奈何花落去。一代女皇，中国历史上的唯一，就这样不甘心地退出了历史舞台，大周在瞬间转换为大唐。正如几百年后范仲淹所感叹的那样："天子既臣而皇，天下既周而唐。"但是，这是对于李唐而言，而对于武周，神龙政变似乎只是一种宿命，怎样得来的天下，再怎样还回去了。

政变成功后的第二天，武则天下诏太子监国，十天后，武则天正式退位，禅让于太子李显，国号改回大唐。

狄仁杰生前的政治夙愿终得实现。唐中宗登基复位，追赠狄仁杰为司空，又五年后，唐睿宗即位，再追封狄仁杰为梁国公。

第三章
狄仁杰箴言

狄仁杰逝于久视元年（700）九月十五日，在之后的一千四百年间，他的形象越来越高大，越来越清晰。历代文人墨客在狄仁杰这高悬于历史走廊的镜子面前，从不同的角度发现了许许多多不同特色的神采与启迪。

在狄仁杰故里狄村建有狄公故里石碑一座

狄仁杰死了，但有关他所经历的那段历史的三本最重要也为历代的史家所认同的正史《旧唐书》《新唐书》《资治通鉴》都对其有着极高的评价。

当狄仁杰在唐代政坛驰骋的时候，他同时代的最高统治者和一些宰相名臣就对他有过很高的评价，让我们回味一下这些言犹在耳的声音：

"狄公之贤，北斗以南，一人而已。"这是当时的并州长史，狄仁杰的直接上司蔺仁基对这位部下的评价。

"仲尼云：'观过知仁矣。'足下可谓海曲之明珠，东南之遗宝。"这是当时的宰相阁立本对这位俊才的夸赞。

"真大丈夫矣！"这是唐高宗对狄仁杰的由衷感叹。

而在五代时，著名历史学家，《旧唐书》的作者刘昫则如是赞扬："庐陵复位，唐祚中兴，狰由狄公，一人以蔽。"

而在宋代，一代改革家、大文豪范仲淹对狄仁杰有着奉之为师的崇拜与赞颂："商有三仁，弗救其灭。汉有四皓，正于未夺。呜呼！武暴如火，李寒如灰。何心不随，何力可回？我公哀伤，拯天之亡。逆长风而孤骞，恕大川以独航。金可革，公不可革，孰为乎刚？地可动，公不可动，孰为乎方？一朝感通，群阴披攘。天子既臣而皇，天下既周而唐。七世发灵，万年垂光。噫！非天下之至诚，其孰能当？"

同是宋代著名史学家、文学家的欧阳修也对狄仁杰佩服之至："武后乘唐中衰，操杀生柄，劫制天下而攘神器。仁杰蒙耻奋忠，以权大谋，引张柬之等，卒复唐室，功盖一时，人不及知。故唐吕温诵之曰：'取日虞渊，洗光咸池。潜授五龙，夹之以飞，'世以为名言。"

明末思想家"船山先生"王夫之对狄仁杰的评价比前人有过之无不及："夫若社稷臣者，以死卫主，而从容以处，其不自丧其臣节，如谢安之于桓温，狄仁杰之于武氏，亦岂矫矫自矜以要权奸之知遇乎？"而在说到狄仁杰江南力扫淫祠时，王夫之更是感慨道："其尤赫然与日月争光者，莫若安抚江南而焚淫祠一千七百余所。"

在清代，最有代表性的当属康熙皇帝，这位大清的统治者对狄仁杰的评价是："仁杰在当时为诸臣第一，武后也当以第一流目之。人臣特患不能竭忠为国尔，若果尽诚无二，不以身家为念，虽当艰危之际，亦可深得主眷，况朝廷清明乎。"

而在近代，民国初年著名的文学史学大家，写下了洋洋七百余万言之《中国历代通俗演义》的蔡东藩先生更是对狄仁杰推崇之至："当日者嬖幸擅权，盈廷污秽，无一非武氏家奴，惟娄狄二公，以功名终，颇有重名。然娄师德只务圆融，不知大体，所差强人意者，惟狄仁杰一人。"

然而，以上这些还都是在史学与政治学范畴内的狄仁杰形象，真正使狄仁杰光耀千秋，进而走出国门、走向世界的是文学。

进入 20 世纪中叶，世界和中国都发生了天翻地覆的变化，狄仁杰也随着一位荷兰汉学家的中国情结日渐浓厚而成为世界名人，成为享誉世界的中国古代福尔摩斯、公元 6 世纪的大唐 007。这位汉学家名叫罗伯特·汉斯·梵·古利克，汉语名叫高罗佩。他指出："狄仁杰在唐代历任多职，位极宰辅，他以其经天纬地之才参议朝政，对唐室内外均产生了重大影响。更主要的是，他为官一生，尤在州县断滞狱无数，因而口碑载道，誉满华夏。中国人视他为执法如山、断狱如神的清官神探，他的美名至今仍在中国民间传扬。中国人对他如我们对福尔摩斯那样喜爱。"

让我们再一次面对狄仁杰曾经说过的一些可以称为箴言的名言来对这位先贤致以崇高的敬意：

人犹水也，雍之则为泉，疏之则为川，通塞随流，岂有常性？

持大国者不可以小理，事广泽者不可以细分。人主恢弘，不拘常法。

为政之本，必先人事。

犯颜直谏，自古以为难。臣以为遇桀纣则难，遇尧舜则易。

圣人无常心，以百姓心为心。

陛下以臣为过，臣当改之；陛下明臣无过，臣之幸也。臣不知谮者，并为善友。臣请不知。

工不使鬼，必在役人；物不天来，皆从地出；非苦百姓，物何以求？物生有时，用之无度，每思惟，实所悲痛。

上不是恤，则政不行；政不行，则害气作；害气作，则虫螟生，水旱起矣。

苟利于国，岂为身谋！

荐贤为国，岂为私也！

主要参考文献

1　［宋］欧阳修、宋祁编著《新唐书》，中华书局，1975。

2　［五代］刘昫等编著《旧唐书》，中华书局，1975。

3　［宋］司马光主编《资治通鉴》，华龄出版社，2000。

4　［宋］王溥编著《唐会要》，中华书局，1975。

5　［清］彭定求、沈三曾等编修《全唐诗》，中华书局，1960。

6　［清］董诰、阮元等编修《全唐文》，中华书局，2000。